ANDINA es la unión de nueve oficinas de arquitectura y diseño de Colombia. A raíz de la pandemia global de 2020, causada por la COVID-19, emergió una conversación grupal en la que se hablaba de proyectos detenidos, posibilidades e incertidumbre. En estas charlas, en su mayoría en formato de videollamadas, se analizó durante dos años la poca exposición de la labor de la arquitectura en Colombia en medios internacionales y la ausencia de publicaciones sobre ella.

ANDINA plantea una conversación inicial basada en la presentación de proyectos actuales. ANDINA congrega nueve estudios colombianos de arquitectura que desde hace algunos años trabajan con miradas jóvenes y desde varias ciudades en los ámbitos público y privado con un interés en común: crear un lugar mejor a partir del respeto y el compromiso profundos con la práctica profesional. ANDINA aspira a propiciar espacios para el diálogo y la reflexión en torno a la arquitectura colombiana contemporánea, a construir desde la diversidad.

Reunirse es la primera acción para reconocer al otro, es una manera de acercarse a la multiplicidad del territorio mediante la diversidad de prácticas. Es una apuesta para proyectar con la inteligencia colectiva como base, para acercarse a las complejidades y potencialidades del oficio de la arquitectura hoy.

ANDINA
Colombia, 2022

ANDINA is a joint initiative of nine Colombian architecture and design studios. The global Covid-19 pandemic of 2020 sparked a group conversation about projects that had been put on hold, possibilities, and uncertainty. During these two years, the conversations, mostly held by video conference, gave an opportunity to analyze how the international media and publications had failed to focus on Colombia's architecture.

ANDINA proposes to start a conversation by presenting a selection of current projects. For some years, ANDINA's nine Colombian architecture studios—based in various cities— have been presenting the fresh ideas of a new generation of architects on public and private-sector projects.

The members of this collective/alliance/grouping have a shared interest in creating better places through respect and full commitment to their profession. ANDINA aims to provide spaces for dialogue and ideas about contemporary Colombian architecture, taking an approach to construction based on diversity.

Coming together is the first step toward acknowledging the other, as a way of comprehending the myriad dimensions of the territory through a wide range of practices. By using collective intelligence as the cornerstone for planning, we can address architecture's current complexities and potential.

ANDINA
Colombia, 2022

A

ANDINA

Arquine

Índice

Contents

ANDINA, preguntas actuales

Vivimos un tiempo extraño y confuso, de creciente percepción de crisis y dinámicas de cambio. Algunos interrogantes acumulados a lo largo de los dos últimos siglos parecen llegar a una suerte de clímax. Varias pandemias gravitan ante nosotros, no sólo la de la COVID-19, sino también la emergencia climática, y por supuesto, la urbanización precaria con inequidad extrema.

Tal vez sea un momento crucial para la arquitectura como disciplina y sus profesionales. Muchas preguntas prevalecen a una escala sin antecedentes en la historia. De la mano de la urbanización, tanto en el ejercicio profesional como en la gestión pública, se requiere una oferta de soluciones, propuestas y alternativas nuevas en un panorama muy estimulante y retador, a pesar de su complejidad, que representa también obligaciones de respuesta ante la sociedad. Tal vez nunca antes hubo tantos frentes y déficits, y esta magnitud de población esperando la llegada de soluciones desde nuestra disciplina.

La Nueva Agenda Urbana, los Objetivos de Desarrollo Sostenible y la superación de la emergencia climática son prioridades en las naciones del mundo. Sin duda, la arquitectura y el urbanismo son herramientas esenciales. No obstante, la precariedad del hábitat para inmensas porciones de la población es un interrogante de singular dimensión y urgencia. Muchas preguntas planteadas desde la modernidad, hace casi un siglo, no han sido resueltas. Es necesario cambiar enfoques, formas y búsquedas en la acción disciplinaria. No es posible superar semejantes retos sin una agenda para construir arquitecturas y ciudades con mayor equidad, justicia social e inclusión, y sin reducir los patrones de consumo y degradación ecológica vigentes. Esta crisis es una oportunidad, un escenario para el cambio y la transición hacia formas renovadas de consumir y ocupar el planeta. Ante este panorama, la construcción social del hábitat y la reconciliación con la naturaleza parecen el mejor camino.

ANDINA se podría describir de varias maneras. Me interesa mucho su mirada hacia la agenda pública y su pensamiento colectivo, concentrado en los problemas de la sociedad. Su actuación desde la naturaleza de la disciplina, sin renunciar a la autonomía y la densidad del saber propio, busca servir a la gente y a la sociedad con responsabilidad y ética profesional al revalorizar el papel de la arquitectura y el urbanismo como acciones políticas y sociales. ANDINA, como grupo, ofrece respuestas a las formas tradicionales de actuación profesional con una lectura especial de la región. Es probable que la historia colombiana, en especial de Medellín y Bogotá, donde se forjaron sus integrantes, derive de manera natural en ANDINA como un caso particular de compromiso con la vida pública, la democracia y el cambio social. Desde la orilla de los estudios profesionales privados, que se ubican con sus particularidades en el contexto político, el grupo participa en los asuntos urbanos a partir de concursos y procesos de gestión social de la arquitectura y el urbanismo.

ANDINA trabaja desde cierta incomodidad: actúa sobre periferias y límites, incursiona en otros escenarios y con frecuencia plantea la gestión del trabajo mediante concursos públicos o cocreación comunitaria y privada para acceder a sus contratos. A menudo se distancia del mercado inmobiliario convencional y al mismo tiempo despliega exploraciones académicas, culturales y materiales, reflexiones disciplinarias contemporáneas de inmensa pertinencia y

We are living in strange and confusing times, with an increasing perception of crisis and a shift in dynamics. A series of issues have accumulated over the past two centuries and appear to be reaching some kind of climax. Various pandemics are at our door, not only Covid-19; we also face a climate emergency and, of course, precarious urbanization with extreme inequality.

Perhaps this is a critical juncture for architecture and its practitioners. We are confronted with many questions on an unprecedentedly vast scale. In urbanization, both in terms of architecture and public administration, we need to identify innovative solutions, ideas, and alternatives to respond to the highly challenging and stimulating yet complex outlook, and this implies an obligation to society. Perhaps we have never faced so many tests and deficits, nor so many people expecting architectural solutions.

Nations around the world are prioritizing the New Urban Agenda, Sustainable Development Goals, and overcoming the climate emergency. Architecture and urbanism are undoubtedly essential. However, the precarious living

calidad estética y constructiva, que trazan un camino de especial valor hacia el futuro, que sin duda es una prioridad para Latinoamérica y en general para el Sur global.

Los integrantes de ANDINA llegaron a la disciplina en las décadas recientes. Han vivido algunos de los cambios extraordinarios de nuestro convulso país, en particular en el marco constitucional, que ha fomentado el desarrollo democrático del poder regional y municipal. La etapa de superación de la crisis extrema de Medellín, algunas dimensiones críticas de Bogotá y el Acuerdo de Paz con las Fuerzas Armadas Revolucionarias de Colombia han sido el marco de referencia para estas generaciones de profesionales, que estudiaron en la última década del siglo pasado, cuando los grandes cambios urbanos ocurrían.

La realidad plantea diversos interrogantes y ANDINA propone un buen esquema para buscar respuestas. El conjunto de obras publicadas por Arquine representa parte de lo más significativo de la producción arquitectónica colombiana, un valioso y estimulante patrimonio de la disciplina, homenaje al sentido de la arquitectura, que promete un panorama rico y creativo, que con seguridad animará a muchas generaciones a reflexionar y concebir alternativas a la arquitectura tradicional, tan reconocida y lejana para muchos.

Jorge Pérez Jaramillo
Medellín, 3 de abril de 2022

conditions for vast sectors of the population is an issue of unique proportions and urgency. Many questions asked since the dawn of modernity, almost a century ago, are still awaiting an answer. As architects, we need to change our approach, forms, and strategies. We cannot overcome the enormity of the challenges without a plan to build architecture and cities that are more equal, socially just and inclusive, and without reducing current consumption levels and ecological degradation. This crisis is an opportunity, setting the scene for a change and a transition to new forms of consumption and occupying the planet. Given this outlook, the social construction of our habitat and a reconciliation with nature appears to be the best way forward.

ANDINA could be described in different ways. I am deeply interested in its approach to the public agenda and its collective ideas with a focus on society's problems. Without ignoring the autonomy and density of its particular knowledge, its architectural practice seeks to provide a service to people and society with a sense of responsibility and professional ethics by reappraising the role of architecture and urbanism as political and social actions. ANDINA, as a group, responds to traditional forms of professional practice with a special understanding of the region. It is likely that Colombian history, in particular that of Medellín and Bogotá, the cities where the group's members started out in their careers, naturally led to ANDINA as a particular case of commitment to public life, democracy, and social change. Working in their private professional practices and particular political contexts, the group gets involved in urban issues through competitions and processes of social management of architecture and urbanism.

ANDINA works in tough settings: it intervenes in peripheral and borderline zones, making incursions into other areas and frequently enters public competitions and participates in community and private joint initiatives to secure commissions. It often distances itself from the regular real-estate market and at the same time undertakes academic, cultural, and material journeys, developing important contemporary disciplinary ideas of high aesthetic and structural quality, which plot a way forward, an important approach that is undoubtedly a priority for Latin America and for the Global South in general.

ANDINA's members began working as architects in recent decades. They have experienced extraordinary changes in our turbulent country, in particular from a constitutional standpoint, which has boosted democratic developments at a regional and municipal level. After studying in the final decade of the twentieth century, this generation of professionals has worked with the backdrop of Medellín overcoming its acute crisis, some critical issues affecting Bogotá, and the Peace Agreement with the Revolutionary Armed Forces of Colombia (FARC).

Reality poses many questions and ANDINA employs a clear strategy in its search for answers. The series of projects published by Arquine represents some key aspects of Colombia's architecture, a worthwhile and stimulating architectural legacy that will certainly inspire many generations to reflect and consider alternatives to traditional architecture, so familiar yet so distant to many.

Jorge Pérez Jaramillo
Medellín, 3 April 2022

ANDINA,
Current Questions

Proyectos

Projects

Memorias de agua

El agua ha estado presente en las manifestaciones culturales humanas a lo largo de la historia, en particular en la arquitectura, desde el ámbito de lo simbólico y lo sagrado, como recurso de uso cotidiano o parte de su composición constructiva. Nosotros, transformadores de la materia, tratamos de encauzarla o contenerla. Nos esmeramos en dominar su flujo natural para beneficio de la vida, es decir, la convertimos en un recurso del que disponemos a nuestra voluntad. Más allá de su condición utilitaria, en interacción con el espacio y la luz, el agua nos acerca a otros mundos, nos permite crear atmósferas plenas que elevan el espíritu y activan la emoción y la memoria.

Su localización, su variada topografía y el clima hacen de Colombia un país rico en recursos hídricos. Las diferentes y múltiples corrientes de agua de la geografía colombiana moldean los territorios en los que la arquitectura se instaura. Rogelio Salmona dice que uno transforma el paisaje para enriquecerlo, pero quien lo modifica, lo destroza. Lamentablemente, eso ha ocurrido. Modificamos los paisajes de agua, destruimos sin responsabilidad su riqueza natural, olvidamos lo que significa tener esta abundancia en nuestros ríos, ciénagas, quebradas y humedales.

Algunas iniciativas pretenden recuperar hoy la memoria del agua. La disposición de sus espacios motiva a ver, sentir y acercarnos a nuestra riqueza hídrica desde el interior de la arquitectura o el exterior del espacio público. Son proyectos abiertos que incorporan la naturaleza como esencia de su composición y dialogan con su entorno para complementarlo y enriquecerlo. Quizá lo más importante es que enseñan a quienes las habitan a respetar y proteger el agua, como recurso vital.

José Puentes

Water has been present in humans' cultural manifestations throughout history, particularly in architecture, from the symbolic and sacred realm, as a resource for daily use or as part of its structural composition. As transformers of matter, we try to channel or contain it. We strive to control its natural flow to sustain life; in other words, we turn it into a resource we can tap into. Beyond its usefulness, in its interaction with space and light, water brings us close to other worlds, helping us to create atmospheres that elevate the spirit and stir emotions and memories.

Colombia's location, varied topography and climate make it a water-rich country; its many different water courses shape the territories where architecture is built. Rogelio Salmona says that we transform landscapes to enrich them, but whoever modifies, destroys. Sadly, this has happened. We alter the landscapes of water, recklessly destroying their natural wealth, and forgetting what it means to have this abundance in our rivers, swamps, ravines, and wetlands.

Some initiatives seek to rescue the memory of water. The spatial layouts encourage us to see, feel, and approach our richness in water resources within architecture or outside in the public space. These projects are open and incorporate nature as the essence of its composition and set up a dialogue with their surroundings to complement or enrich it. Perhaps the most important thing is to educate their inhabitants to respect and save water as a vital resource.

José Puentes

Memories of Water

ANDINA

Frente Marítimo Cívico

Darle carácter a lo existente, demarcar el paisaje como invitación a la apropiación social y comercial para construir el valor del encuentro, hacer mucho con poco a partir de la inteligencia colectiva que ha construido el muelle, que hoy es una línea funcional. Proponemos ensanchar pequeñas zonas de esa línea para desarrollar estancias de contacto que amplíen la cotidianidad existente, en una especie de acupuntura arquitectónica para configurar un frente marítimo cívico:

1. Diversificar los puntos de contacto cívico en los accesos transversales al muelle y de la ciudad a la playa.

2. Estancias temáticas para potenciar las construcciones espaciales y sociales existentes, como el *hamacadero* en la playa, sombreado por la altura del muelle, y una terraza para tener contacto con el agua salada y terminar el recorrido. La experiencia del muelle sigue hacia la terraza final como un espacio de encuentro marítimo más amplio para todas las dinámicas posibles bajo la sombra, cerca del mar y el horizonte...

3. Definir el color de las intervenciones como experiencia de co-construcción de la identidad para el futuro muelle.

This pier is designed to highlight pre-existing local features, to define the landscape as a way of encouraging people to come together and appropriate the area as somewhere for socializing and shopping. The idea was also to maximize the impact of limited resources by leverage the collective knowledge that is behind the project, which is now a functional line. We propose expanding small sections of that line to develop spaces where people can gather as a way of broadening their range of daily experiences, as a kind of architectural acupuncture to shape this civic waterfront structure, by:

1. Diversifying how people can meet along the pier's transversal access points and from the city to the beach.

2. Creating thematic areas to empower existing social and spatial constructions, such as the hammock space on the beach, shaded by the height of pier, and a terrace to make contact with the sea and to finish the route. The experience of the pier continues toward the final terrace that offers more room for socializing by the water for every kind of dynamic imaginable under the shade, by the sea, looking toward the horizon...

3. Defining the color of the interventions as an experience of co-constructing the identity for the future pier.

Civic Pier

Muelle Turístico Riohacha

Historia
Cultura
Naturaleza
Deporte

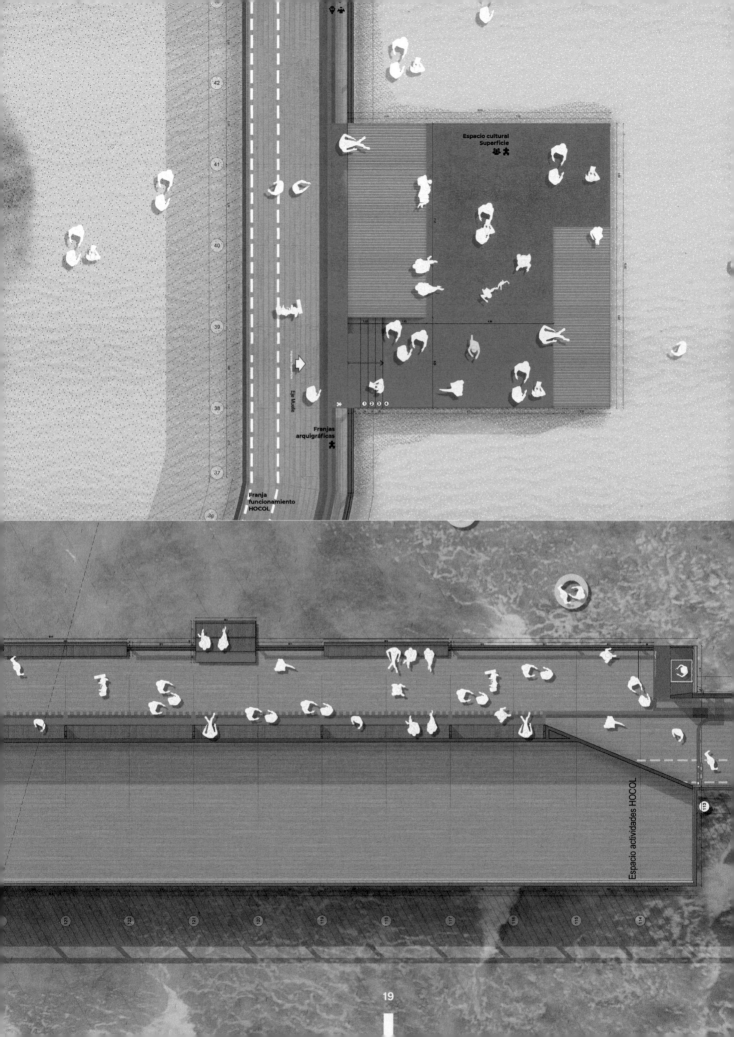

Espacio cultural
Superficie

Franjas
arquigráficas

Eje Muelle

Franja
funcionamiento
HOCOL

Espacio actividades HOCOL

Posturas urbanas

Pero, si bien tanto el orden social como político han sido transformados por los avances de la ciencia: ¿somos realmente más felices? ¿Es realmente el mundo un mejor lugar para vivir?*

La ciudad es la construcción humana más importante que hemos dejado tras nuestro paso por el planeta. Sitio paradójico, lugar de encuentros y luchas, es la materialización de nuestras ideas, valores y vicios como sociedad. Hoy la idea de ciudad enfrenta retos inéditos en su historia: desde el cambio climático y los desplazamientos masivos, hasta hechos particulares como la pandemia causada por el virus SARS-CoV-2, que intempestivamente obligó a modificar hábitos cotidianos y entornos urbanos.

Al mismo tiempo, la ciudad tiene una deuda histórica con cuestiones inherentes a su concepción como escenario de las sociedades. Problemas como la inequidad, la desigualdad y la corrupción la han acompañado desde su origen de manera casi intrínseca. Estas cuestiones afectan día a día a la totalidad de los ciudadanos. Superarlas es uno de los grandes retos que enfrenta la humanidad.

Esta mezcla, a veces contradictoria, inacabada y al parecer inacabable, define las posiciones urbanas contemporáneas. La ciudad como escenario del proyecto de arquitectura enfrenta un desafío enorme: ser lugar para propiciar el encuentro y la solidaridad. En un mundo cada vez más acelerado e indolente, acciones como pensar en un parque como estrategia de recuperación de un río urbano, imaginar un teatro en medio de un bosque, plantear un pabellón deportivo para que sirva a los barrios del sur de Bogotá, conectar un sistema de parques que buscan educar sobre el uso del agua o fragmentar un edificio para acercarse al público y ser el hogar de especies en vía de extinción se convierten en posturas radicales que hablan de otra ciudad posible, que se construya desde la proximidad y el encuentro.

Jorge Buitrago

* Yuval Noah Harari, *De animales a dioses. Breve historia de la humanidad*. Bogotá: Debate, 2015, p. 412.

*But although scientific progress has transformed the social and political order, are we really any happier? Is the world really a better place to live in?**

The city is the most important human construction left by humans after our time spent on the planet. A paradoxical place of encounters and struggles, the city is the materialization of our ideas, values, and vices as a society. Today, the idea of the city is facing unprecedented challenges: from climate change and mass migration to particular problems such as the pandemic caused by the SARS-CoV-2 virus, which suddenly caused us to alter our urban surroundings and daily routines.

At the same time, the city has a historical debt with issues inherently connected to its beginnings as a stage for societies' development. Problems such as injustice, inequality, and corruption have all been an intrinsic part of cities from the outset. These issues affect all citizens on a daily basis. Overcoming them is one of the greatest challenges facing humanity.

Despite being contradictory, incomplete, and seemingly unfinishable, this mixture defines urban positions. The city as the setting for architectural projects faces a struggle to evolve into a place of solidarity where people can come together. In an increasingly accelerated and indolent world, certain actions—such as considering a park as a strategy to recover an urban river, imagining a theater in the middle of a forest, planning a sports complex for one of Bogotá's southern areas, connecting a park system to educate people about the responsible use of water, or fragmenting a building to bring it closer to the public and making it a home for endangered species—become radical postures to consider another possible city based on proximity and encounters.

Jorge Buitrago

* *Yuval Noah Harari,* De animales a dioses. Breve historia de la humanidad. *Bogotá: Debate, 2015, p. 412.*

Urban Postures

Parques del Río Medellín

El río Medellín, o río Aburrá, constituye la columna vertebral del sistema natural del valle. Atraviesa el territorio de sur a norte y es, con sus laderas, un elemento natural que incide en la identidad regional.

La llanura aluvial del Valle de Aburrá permitía controlar las inundaciones, a la vez que brindaba espacio para la biodiversidad de la región. Sin embargo, la canalización del río, que comenzó en 1946, modificó la llanura aluvial y fracturó la estructura natural del valle.

A la par, los procesos de ocupación sobrepusieron en las márgenes del río varias vías de transporte público y privado y se instalaron las redes principales de infraestructura de la ciudad. Aunque este corredor multimodal asegura la conexión entre los municipios del valle y la región circundante, lo cierto es que ha causado un efecto de ruptura entre los costados del río. La llanura aluvial y la red ecológica que el río tejía se quebranta de manera gradual y se pierde el imaginario colectivo de la ciudad.

El proyecto Parques del Río Medellín surge como respuesta a este problema y busca ser el elemento que teje la ciudad tanto longitudinal como transversalmente.

El objetivo general es crear un eje público y ambiental para integrar el corredor del río Medellín con la actividad urbana, y los sistemas estructurantes de Medellín y su área metropolitana con un parque urbano que ofrece espacios públicos de calidad. Se busca mejorar la movilidad en la ciudad, aprovechar de manera eficiente los suelos de oportunidad, la infraestructura, las zonas verdes y el espacio público aledaño, para implantar usos más adecuados y consecuentes con el medio ambiente, el paisaje, la cultura y la estructura urbana existente.

Además, la intención de abrir la gran ciudad al río debe proporcionar un frente doble, natural y urbano, porque a lo largo de su cauce podrán existir secuencias construidas que se alternen con espacios abiertos o naturales, de acuerdo con las características de cada tramo o subescenario del río.

The Medellín or Aburrá river forms the backbone of the valley's natural system. It flows through the territory from south to north and with its banks it forms a natural feature identifying the region.

The Aburrá valley's alluvial plain helped regulate flooding, providing a space for the region's biodiversity. However, the channeling of the river, a project that began in 1946, altered the alluvial plain and fractured the valley's natural structure.

In parallel, new public and private transport infrastructure were built alongside the river, together with the city's main public utility networks. Although this multi-modal corridor connected the valley's municipal districts with the surrounding regions, it has also driven a wedge between the two sides of the river. The alluvial plain and the river's ecological web woven by the river between the valley's natural ecosystems is gradually breaking up and the city's collective imaginary is being lost.

The Medellin River Parks project has responded to these problems and seeks to connect the city both transversally and longitudinally.

The overall aim involves creating a public and environmental thoroughfare to integrate the Medellín river corridor with the city's spaces, and the city and metropolitan area's infrastructure with an urban park offering high-quality public spaces. The aim is to improve urban mobility, increase the efficiency of land with development potential, infrastructure, green areas, and the adjacent public space, introducing more environmentally friendly uses that are better adapted to the existing urban infrastructure, culture, and landscape.

The other aim of opening the large city to the river was to provide the dual—natural and urban—face, because along its course there could be sequences of structures alternating with open and natural spaces, in line with the characteristics of each section or subsection of the river.

Medellín River Parks

0   100m

Planta de conjunto
General plan

Parque Metropolitano Almaviva

El territorio como museo

El programa edificado toma forma a partir de una lectura territorial. Se divide en dos paquetes dispuestos en dos ejes: uno cultural, de norte a sur, que plantea un recorrido dè continuidad con la trama urbana, y uno biodiverso, de oriente a occidente, que aprovecha el paisaje presente en el parque para apoyar la muestra museística.

La arquitectura se atomiza para generar un recorrido abierto, acompañado de actividad. Esta estrategia, contraria a la idea de un único edificio, permite que el desarrollo sea flexible, abierto y por etapas. Además, como criterio paisajístico, permite asociar cada sala a un ámbito del paisaje exterior y que el parque mismo sea parte integral de la exposición: el territorio es el museo.

Artefactos geográficos/una máquina lectora del lugar

Los pabellones puntuales sirven de elemento narrativo para relatar la biodiversidad de la región del piedemonte porque hacen visibles los procesos ambientales mediante una relación activa entre espacio arquitectónico y espacio natural. El recorrido tiene la intención de poner en evidencia la artificialidad del programa al dotarlo de autonomía de la naturaleza. Se proponen dos ejes que operan de manera opuesta en la topografía. En ambos casos, la arquitectura actúa como una infraestructura de paisaje capaz de mediar entre lo genérico del artefacto y lo concreto del lugar natural, que cambia conforme se recorre. A partir de acciones sencillas dictadas por la interacción con cada punto, se generan miradas nuevas sobre la naturaleza y sus procesos, para revelar la elocuencia de los fenómenos del lugar.

The Territory as a Museum

The built program is shaped by a reading of the local land, and divided into two sections arranged along two axes. The cultural route continues the urban layout from north to south, while the biodiverse one runs east to west, taking advantage of the park's existing landscape to support the museum exhibitions.

The architecture is atomized to create an open route, accompanied by activity. This strategy, unlike the idea of a unique building, enables a flexible, open, and phased development. And as landscaping criteria, it makes it possible to associate each gallery with an exterior landscape and for the park itself to become an integral part of the exhibition: the territory is the museum.

Geographical Artifacts/A Machine to Read the Local Area

Some pavilions provide a narrative element to relate the Piedemonte region's biodiversity by bringing into view environmental processes through an active relationship between the architectural and natural space. The route seeks to display the program's artificiality by giving nature autonomy. Two axes are set in opposition to one another in the topography. In both cases, the architecture acts as a piece of landscape infrastructure capable of mediating between the artifact's generic quality and the specificity of the natural surroundings that change during the visit. Simple actions dictated by interactions at each point create new gazes onto nature and its processes to reveal the eloquence of local phenomena.

Almaviva Metropolitan Park

Morichales

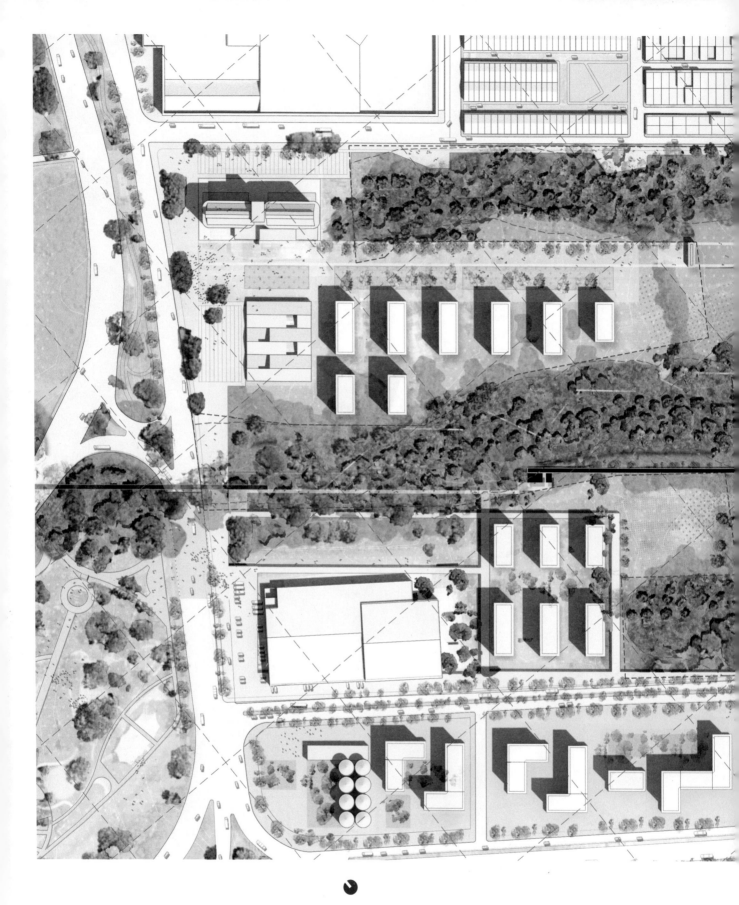

0   100m

Planta de conjunto
General plan

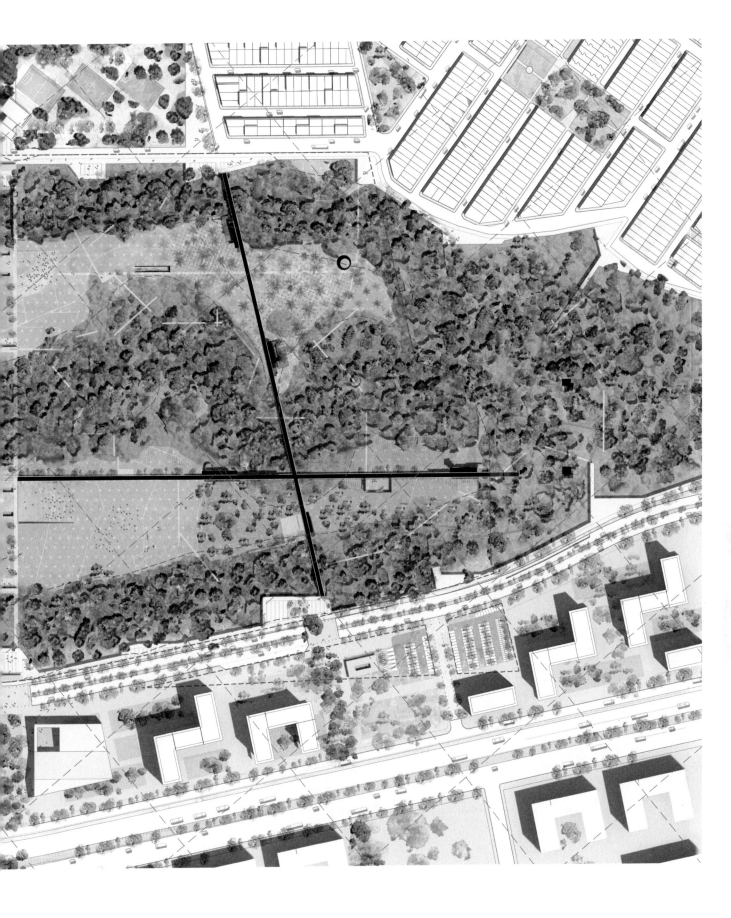

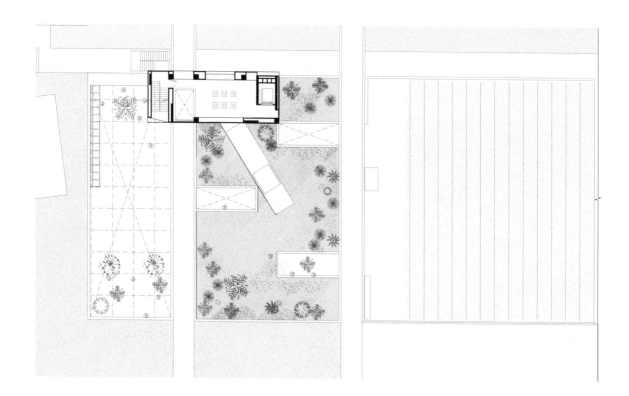

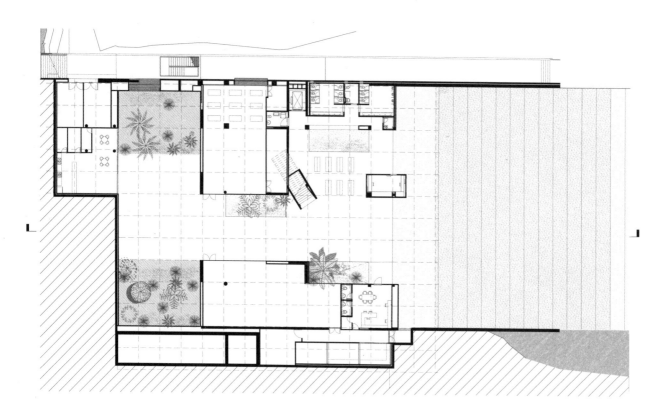

0   20m

Museo. Planta de la sala de exposición temporal (arriba), planta baja (abajo)
Museum. Temporary exhibition hall plan (top), Ground floor plan (bottom)

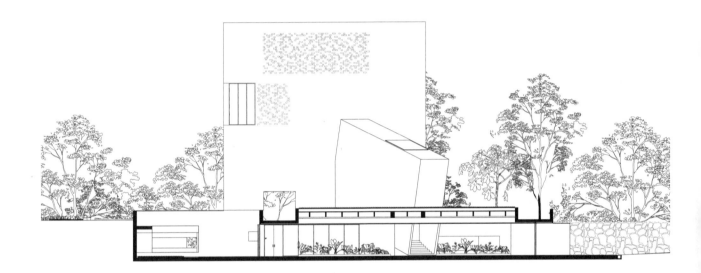

Museo. Sección
Museum. Section

45

CDRC El Tunal

El edificio es un gran pabellón urbano que atiende principalmente a la población del sur de Bogotá. Su horizontalidad destacada le da un frente edilicio al costado occidental del parque, que sirve de umbral entre el contexto urbano y el espacio natural. De uso público, su arquitectura es abierta y diáfana: la transparencia y la permeabilidad son sus mayores cualidades espaciales.

La identidad del edificio reside en su estructura portante. Un bosque de columnas dispuestas en el perímetro desdibuja los límites entre interior y exterior, al mismo tiempo que crea un anillo de circulación que vincula y descubre de manera simultánea la naturaleza del parque y las actividades que se desarrollan en el interior. En este espacio intermedio, un talud natural que pliega la superficie del parque hacia el edificio y una pérgola inclinada que protege del sol directo conforman un gran visor abierto hacia el paisaje que amplifica desde dentro las relaciones visuales con la geografía lejana.

La composición espacial y los elementos constructivos del proyecto se ordenan en una retícula rigurosa de 9.60 × 9.00 m. El edificio surge de una modulación estricta, la repetición secuencial de un pórtico estructural y el orden tectónico de sus componentes principales no sólo aportan una cubierta con luminosidad, sino que contribuyen a disminuir los tiempos de montaje y construcción.

El edificio aprovecha los recursos del lugar, respeta los árboles existentes del parque y los incorpora a los patios. La luz natural ingresa a través de las fachadas acristaladas. Durante su construcción se reutilizó la tierra de las excavaciones de las piscinas para conformar los taludes y jardines.

This large urban pavilion mainly provides a service to people living in the south of Bogotá. Its horizontality provides a façade for the western side of the park and a shelter within the context of the city and the park's green space. As a public amenity, the architecture is open, diaphanous, and clear, making transparency and permeability its prime spatial qualities.

The construction derives its identity from its load-bearing structure. A "forest" of columns laid out around its perimeter blur the boundaries between interior and exterior and comprise a circulation loop that reveals the park's vegetation and interior activities. In this same interstitial space, a grassy slope merges the building with the park, and a sloping pergola provides shelter from direct sunlight, creating wide open vistas onto the landscape that expand the visual connections to the distant horizons from the interior.

A regular 9.6 meter by 9 meter grid creates the project's spatial composition and structural elements. The building is therefore the result of rigorous modulation, a sequential repetition of a structural portico, and the structural layout of its main components that provide a solution not only for the large roof but also helps reduce the project's assembly and construction time.

The building takes advantage of local resources, respects the existing trees in the park, and incorporates them within the courtyards; natural light enters through the glazed façades and the construction process reused the soil excavated during the construction of the swimming pools for the landscaping of the slopes and gardens.

El Tunal SRCC

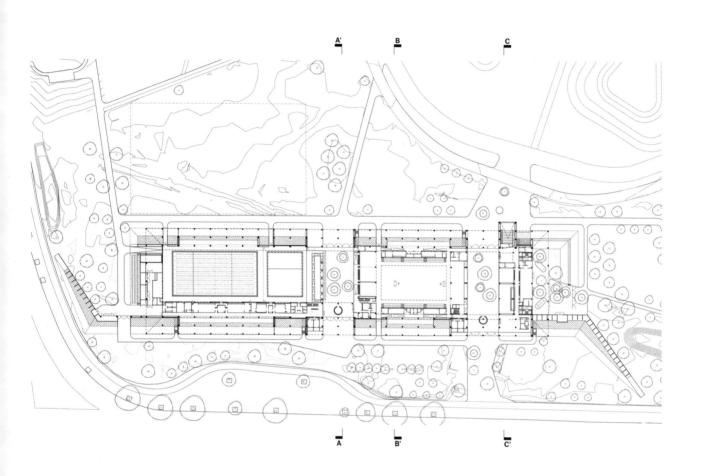

A'   B   C

A   B'   C'

0   50m

Planta baja
Ground floor plan

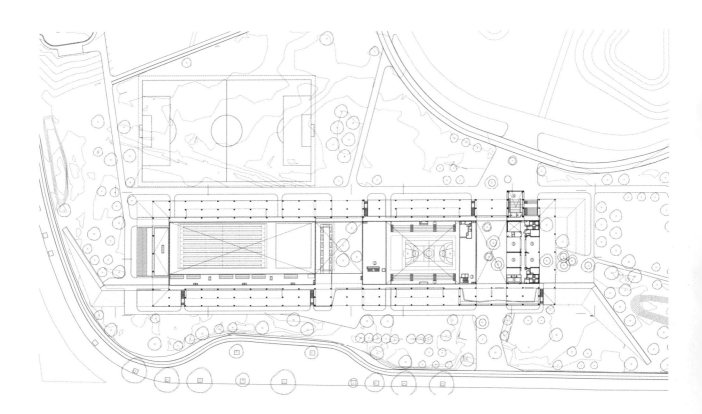

Planta nivel 1
Level 1 plan

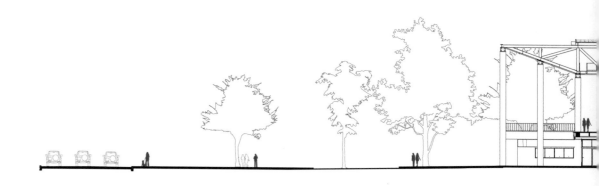

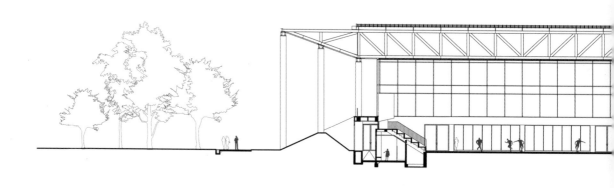

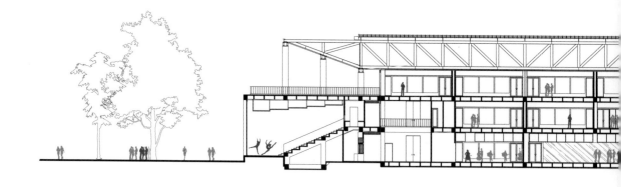

0   10m

Sección A-A' (arriba), sección B-B' (centro), sección C-C' (abajo)
Section A-A' (top), Section B-B' (center), Section C-C' (bottom)

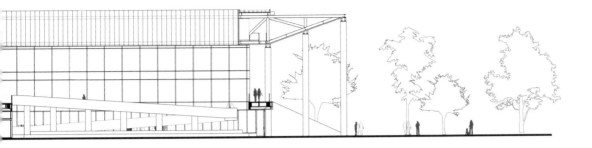

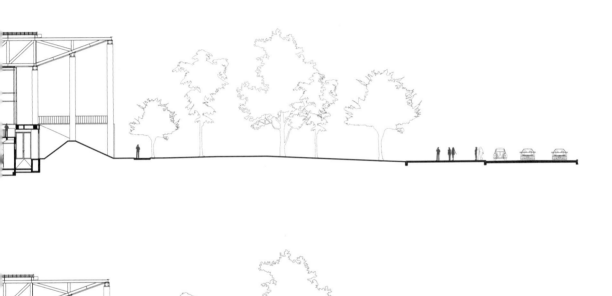

Alcaldía San Cristóbal

La Alcaldía Local de San Cristóbal se localiza dentro de un gran sistema de espacio público y equipamientos al que no lograba incorporarse de manera adecuada. Se propuso un espacio público que se abre a todos los costados del predio y asume el parque y los equipamientos colindantes como parte integral de un nuevo campus cívico. En una escala urbana, el proyecto propicia la articulación de los parques Primero de Mayo (centralidad cívica) y San Cristóbal (centralidad deportiva) como el gran núcleo de equipamientos de la localidad.

A partir de una lectura de flujos estructurantes que se generan entre las escalas del espacio público y la Escuela Los Comuneros, se plantea un primer punto para crear una plaza cívica. Desde ahí se desarrolla un primer nivel permeado por un nuevo cruce de ejes de circulación. Sobre estos se ubican todos los elementos autónomos y públicos del programa a modo de calles públicas, cardo y decumano, cubiertas por una superficie unificadora que duplica el espacio público. De esta manera se tiene un nuevo ámbito de parque, un espacio de esparcimiento pedagógico que facilita la conexión entre el gobierno y la ciudadanía.

Las actividades públicas se zonifican en el primer nivel, que se configura para permitir su independencia y se vincula con los espacios intermedios, como la plaza, la calle y el parque. Sobre este gran conjunto horizontal destaca un volumen diferencial y de carácter institucional que se erige como un referente urbano y alberga los programas semipúblicos y privados pertenecientes a la Alcaldía.

The local town council building in San Cristóbal is located within a large public space with amenities it was not able to incorporate properly. The concept was a public space that opens up on each side of the property and envelops the park and adjacent amenities as an integral part of a new civic property. On an urban scale, the project seeks to articulate the Primero de Mayo civic center and the sports facilities of San Cristóbal to concentrate amenities in the local area.

The reading of structural flows generated between the scales of public space and Los Comuneros school was the first step toward creating a civic plaza. That provided the basis for a first story permeated by a new crossing of main circulation routes. On top of these, all the program's public and independent elements are laid out like public streets, cardus and decumanus, covered by a unifying surface that doubles the area of public space. This creates a new park environment, somewhere for pedagogical recreation that helps connect the government with citizens.

Public activities take place on the first story, which is organized to make it independent and is linked to intermediate spaces, such as the square, street, and park. A differential, institutional volume stands out in this horizontal set of buildings as an urban landmark that houses the town council's semi-public and private programs.

San Cristóbal Town Council Building

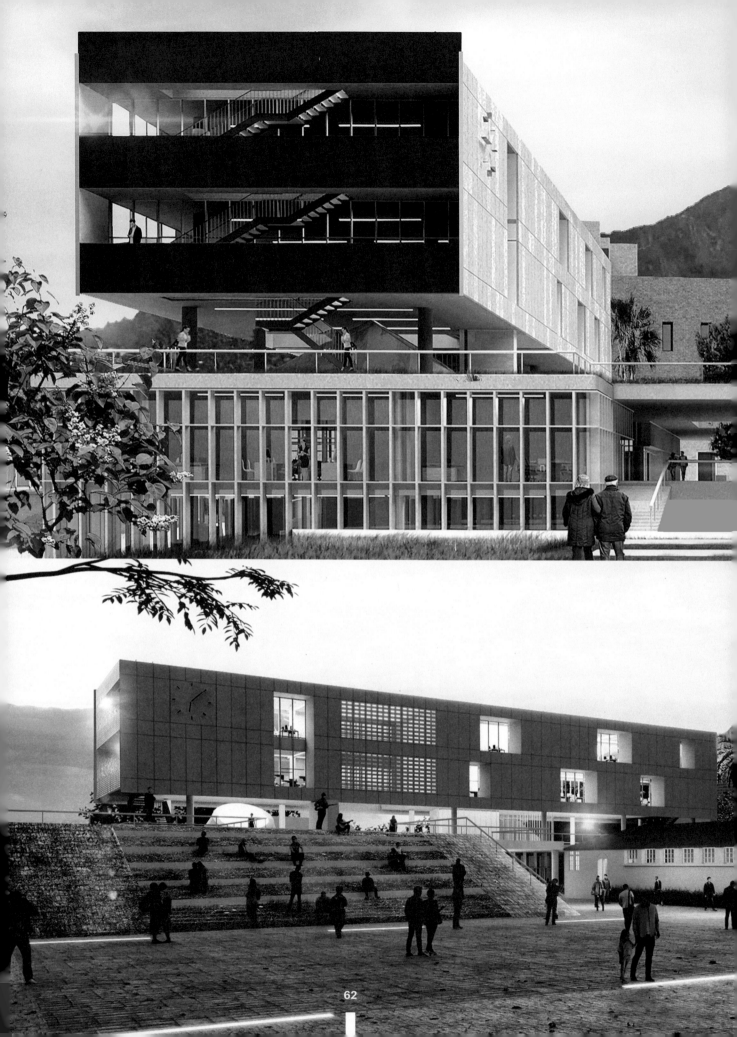

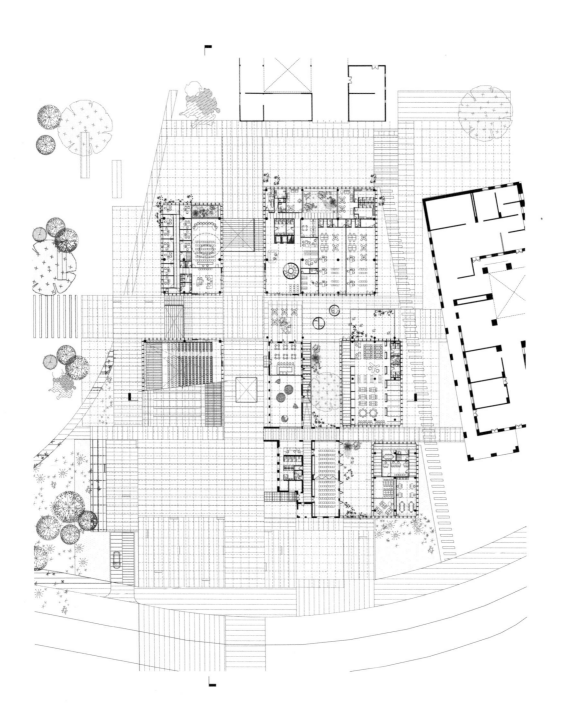

0   20m

Planta baja
Ground floor plan

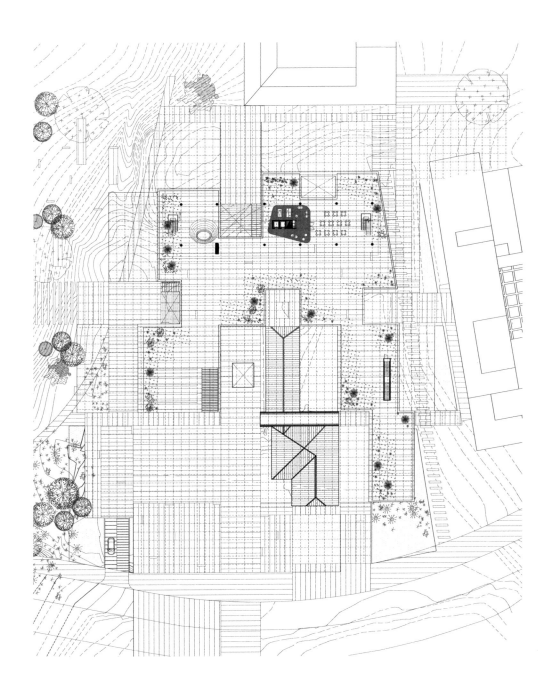

Planta nivel 1
Level 1 plan

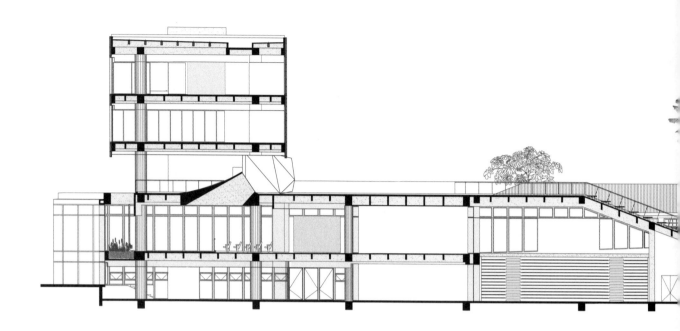

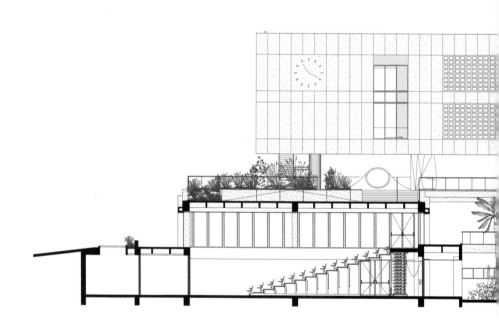

0   10m

Sección longitudinal (arriba), sección transversal (abajo)
Longitudinal section (top), Transversal section (bottom)

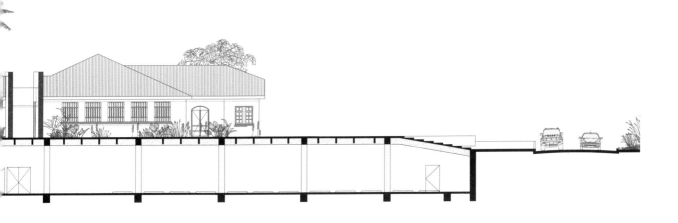

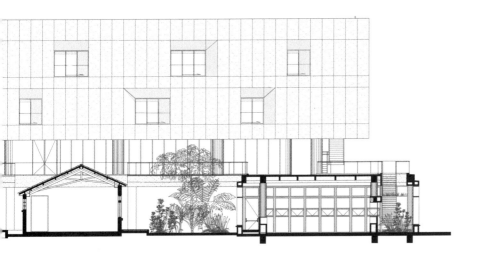

Parque Hídrico Regional Tominé

El Parque Hídrico Regional Tominé busca reconocer, reconstruir y educar sobre la memoria del agua y los ecosistemas del lugar con el planteamiento de siete paisajes. El ser humano y la naturaleza confluyen y se relacionan en actuaciones simbióticas de diversa escala, lo que propicia cambios paisajísticos, urbanos, arquitectónicos y sociales.

El primer paso fue reconocer el sitio, entender su condición histórica, su relación territorial y sus particularidades morfológicas y ambientales. Tras esta apreciación se determinaron tres acciones esenciales para su puesta en valor: definir la escala de la intervención, identificar y estimar la diversidad territorial del embalse Tominé, y rehabitar el agua.

El proyecto propone delimitar siete parques a partir del reconocimiento y la valoración de los paisajes existentes, y la integración de las condiciones morfológicas, bióticas y programáticas. En cada unidad se plantea una intervención para rehabitar el agua, como un museo, un muelle recreativo, plataformas botánicas, observatorio de inundaciones, etcétera. Por último, un biopaseo o circuito biótico integrador resalta las condiciones hídricas, históricas y ambientales, y relaciona todas las unidades de paisaje y actuación.

El plan maestro busca ser un modelo sostenible, estratégico y replicable, en el que es esencial el reconocimiento de las realidades de los habitantes y el trabajo desde un enfoque sostenible en los ámbitos social, ambiental y económico. Se plantea un proyecto de desarrollo progresivo, por etapas, en el que colaboren actores diversos.

The Tominé Regional Park aims to acknowledge, reconstruct, and educate people about the memory of water and local ecosystems with its seven different landscape areas. Human beings and nature come together and interact symbiotically on varying scales, promoting changes to social, architectural, urban, and landscape-related changes.

The first step was to take stock of the site and understand its historical conditions, territorial relations, and morphological and environmental particularities. After this appreciation, the decision focused on considering three essential measures: defining the intervention's scale, identifying and appraising the territorial diversity of the Tominé reservoir, and making use of the water again.

The project seeks to define seven parks by acknowledging and valuing the existing landscapes, and integrating its morphological, biotic, and programmatic conditions. Each section includes an intervention to "re-inhabit" the water, with a museum, recreational pier, botanical platforms, flood observatory, and so on. Finally, a bio-circuit integrates the park and highlights the water, historic, and environmental conditions, and links up all the landscape areas and their roles.

The master plan seeks to be a sustainable, strategic, and replicable model that acknowledges the inhabitants' realities and takes a sustainable approach to social, environmental, and economic issues. The project is designed as a progressive development to be executed in phases and by incorporating a variety of collaborators.

Tominé Regional Park

0   5km

Planta de conjunto
General plan

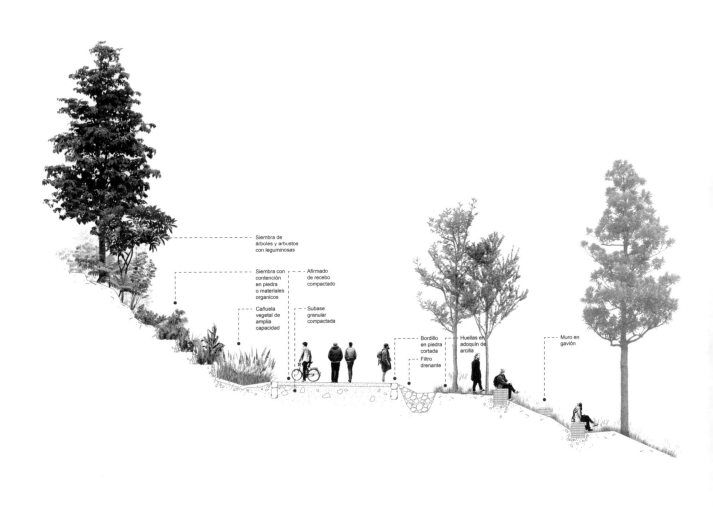

Siembra de
árboles y arbustos
con leguminosas

Siembra con
contención
en piedra
o materiales
orgánicos

Afirmado
de recebo
compactado

Cañuela
vegetal de
amplia
capacidad

Subase
granular
compactada

Bordillo
en piedra
cortada

Huellas en
adoquín de
arcilla

Muro en
gavión

Filtro
drenante

0   5m

Sección típica de sendero y contenciones
Path and retaining walls, typical section

Tropicario Jardín Botánico Bogotá

La emergencia medioambiental de nuestro planeta hace necesario pensar la ciudad desde lógicas urbanas y ambientales de manera simbiótica. El Tropicario es una apuesta para aportar a la construcción de una cultura del paisaje, en la que lo local transmita un mensaje de urgencia global. Es un espacio concebido para divulgar los valores y retos ambientales que enfrentan los ecosistemas del país a partir de una pregunta: ¿cómo nos relacionamos con el paisaje de la Sabana de Bogotá?

La respuesta implicó entender el edificio como un sistema, partes relacionadas que conforman un todo. El concepto busca que las áreas del programa funcionen como espacios flotantes dentro de un humedal, uno de los ecosistemas con mayor distribución en el territorio original que poco a poco ha sido ocupado por la ciudad de Bogotá.

El proyecto se compone de seis colecciones: Bosque Húmedo, Bosque Seco, Colecciones Especiales, Plantas Útiles, Superpáramos y Biodiversario. Cada espacio tiene requerimientos específicos de altura, temperatura y humedad, y todos funcionan como módulos flotantes, articulados por un Humedal Artificial, colección propuesta por el equipo de diseño desde la fase del concurso.

En los cerramientos de las colecciones se procuró el uso de sistemas pasivos de control de temperatura: vidrio de espesores distintos, filtros y sistemas automatizados de apertura.

El sistema estructural se compone por muros inclinados en concreto, que funcionan como soporte de pilares metálicos de 30 × 10 cm de ancho, ubicados cada 2.40 m en el perímetro para conformar "canastos estructurales", una estructura espacial autoportante que elimina las columnas en el interior.

The environmental emergency facing our planet makes it necessary to consider the city from a symbiotic, urban, and environmental perspective. El Tropicario aims to contribute to the construction of a landscape culture, where local considerations deliver a message of global urgency. The space is designed to communicate the environmental values and challenges facing the country's ecosystems based on a question: How do we relate to the landscape of the Bogotá savannah?

To answer the question, we needed to understand the building as a system, as related parts that form a whole. The concept sought to make the program's various areas work as floating spaces within a wetland area, one of the most widely distributed ecosystems in the original area which has gradually been swallowed up by the city of Bogotá.

The project has six collections: Rain Forest, Dry Broadleaf Forest, Special Collections, Useful Plants, Superpáramo Ecosystems, and Biodiversary. Each space has specific requirements for height, temperature, and humidity, and they all work as floating modules, articulated by an artificial Wetland, a collection proposed by the design team at the competition stage.

For the collections' enclosures, the idea was to use passive temperature control systems: glass of varying thickness, filters, and automated opening systems.

The structure consists of sloping concrete walls, which support the 30 by 10-centimeter-thick metal pillars, placed at 2.4-meter intervals, to create self-supporting "structural baskets" that remove the need for interior columns.

Jardín Botánico Bogotá Tropicarium

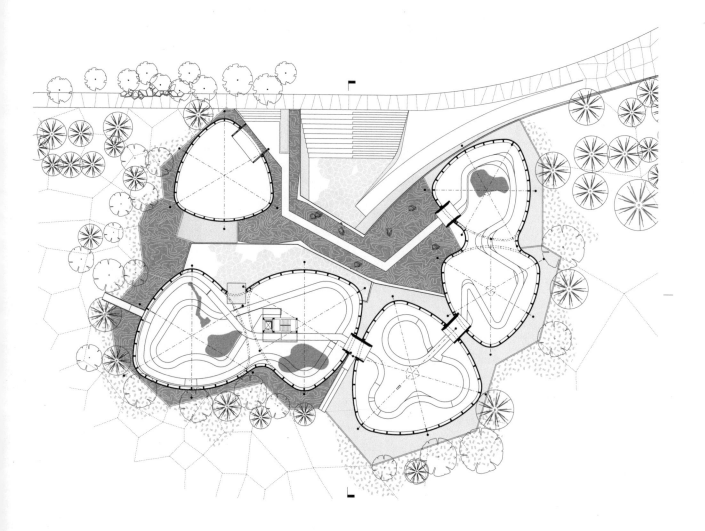

Planta general
General plan

0   15m

Sección
Section

Paisajes interiores

Buscamos siempre el exterior, el espacio donde están los otros, viajar, conocer gente y lugares nuevos, estar en las calles, las plazas, conciertos y centros comerciales. Privilegiamos la vida en el exterior y de algún modo idealizamos los paisajes exteriores. Sin embargo, escribo esto después de dos años de encierro, de tener miedo hacia el otro y el afuera, de repetir el mantra del distanciamiento físico como la única manera de proteger nuestras vidas. Hemos aplazado la vida en el exterior y nos hemos refugiado de nuevo en los mundos interiores de nuestras viviendas.

El regreso al interior nos ha llevado a reclamar lo que el mercado había eliminado: balcones, jardines y espacios para el ocio. Estos lugares permiten entender que el interior es, y ha sido siempre, un espacio para la vida, un relicario que guarda los recuerdos más preciados y no sólo un activo con el que grandes empresas constructoras obtienen la mayor rentabilidad económica. Llevamos dos años intentando reconciliarnos con nuestros paisajes interiores. Tal vez eso signifique que somos capaces de recuperar lo que el mercado nos quitó.

Farhid Maya

We always seek the outdoors, spaces where others are, traveling, getting to know new people and places, being on the streets and squares, at concerts and in shopping malls. We give priority to the outdoors and to some extent we idealize outdoor landscapes. However, I am writing this after two years in lockdown, of being afraid of the other and the outdoors, of repeating the mantra of physical distancing as the only way of protecting our lives. We have postponed life outdoors and taken shelter again in the interior worlds of our homes.

The return to the indoors has led us to call for something that the market had stripped away: balconies, gardens, and recreational spaces. Such places make it possible to understand that the indoors is, and always has been, a space for life, a reliquary that contains the most cherished memories instead of just being an asset with which the large real-estate developers earn the highest profit. We have spent two years attempting to reconcile ourselves to our inner landscapes. Perhaps that may mean we are capable of regaining what the market took away from us.

Farhid Maya

Interior Landscapes

Edificio PAZ

El proyecto PAZ consiste en reformar un edificio construido en 1973, en El Poblado, una de las zonas más prestigiosas de la ciudad de Medellín. El objetivo era crear apartamentos de lujo, diseñar su mobiliario, proveer la dotación total y la puesta a punto para entregarlo al operador de la propiedad. Uno de los retos más grandes fue rediseñar el interior con las limitaciones técnicas de una edificación de casi 50 años de antigüedad. Se requirió la participación de ingenieros, arquitectos, constructores, paisajistas y una variedad de proveedores especializados.

El trabajo puso en evidencia una pujante capacidad de resolución de problemas y adoptó la mejor opción ambiental. En este proyecto se refleja la visión del estudio de crear ambientes únicos y necesarios que cobijen entornos de calidad, a la vez que se presenta a la ciudad un diseño y una arquitectura con sentido global y tropical. David Del Valle propuso que cada piso incorporara un concepto que contara algo sobre la región. Así, se desarrollaron cinco ambientes: Medellín Tecnológica, Café de Jardín, Trópico, Ciudad de Agua y Comuna 13.

Se diseñaron más de 40 muebles nuevos y objetos exclusivos inspirados en los conceptos con la finalidad de destacar el sentido del proyecto: la creación de experiencias que susciten emociones en los huéspedes. También se crearon los manuales gráfico, de marca y para la operación. Esta región de Colombia siempre ha sido inspiración, valoramos sus materiales, técnicas, oficios y calidad a la hora de materializar ideas con una visión global.

El proyecto sienta un precedente de lo que significa una forma de hacer arquitectura y diseño sin necesidad de tumbar edificios. En palabras del diseñador David Del Valle: "se abre una posibilidad grande de hacer reciclaje urbano de alto nivel, no necesariamente es más económico que construir de cero, pero es más responsable ambiental mente y tenemos que ser parte de esto como profesionales y ciudadanos".

The PAZ project is the remodeling of a building constructed in 1973 in one of Medellín's most upscale neighborhoods, El Poblado, with the aim of creating luxury apartments, designing their furnishings, fitting them out completely and preparing them for delivery to the property administrator. Given the technical limitations of a building that is almost fifty years old, one of the greatest challenges was to redesign the interior, a process that required the participation of engineers, specialists, architects, buildings, landscapers, and a variety of other service providers.

This project was important because it displayed an impressive problem-solving ability and adopted the best environmental solution. The project set out to reflect the studio's vision to create unique and necessary atmospheres to develop high-quality surroundings and to present to the city a design and an architecture with global and tropical meaning. For the interior, the director David Del Valle proposed that each floor's design should incorporate a different concept that could communicate something about the region. Therefore, the project includes five different areas: Technological Medellín, Garden Café, Tropics, Water City, and LA 13.

The concepts' development included the design of more than forty new pieces of furniture, as well as exclusive objects conceived to highlight the meaning given to the project, including the creation of experiences that would excite visitors when entering the building. A graphic and user manual, and a brand, were also created. The vision was always to find inspiration in our region of Colombia, blending it with a global vision, valuing its own materials, techniques, crafts, and quality at the time of giving shape to ideas.

Today, the project sets a precedent for the meaning of delivering Architecture and Design, without the need for demolishing buildings. In the words of designer, David Del Valle, "it opens up the wonderful possibility of carrying out a high-level urban recycling; this is not necessarily cheaper than building from scratch, but it is more environmentally responsible and, as architects and citizens, we need to be a part of this movement."

PAZ Building

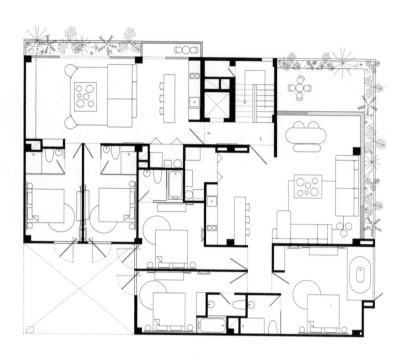

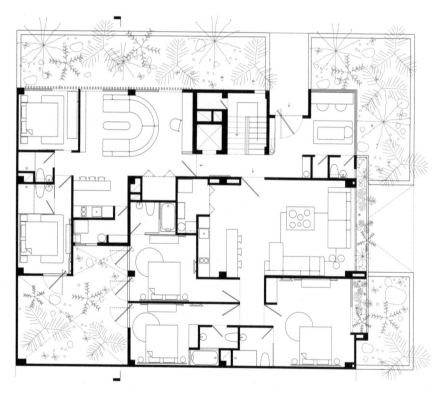

Planta baja (abajo), planta nivel 1 (arriba)
Ground floor plan (bottom), Level 1 plan (top)

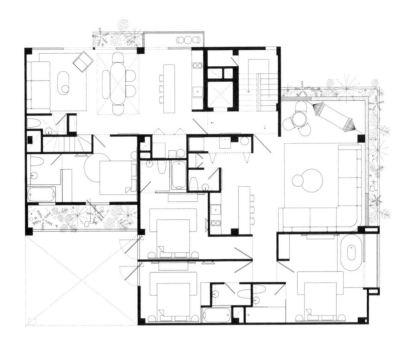

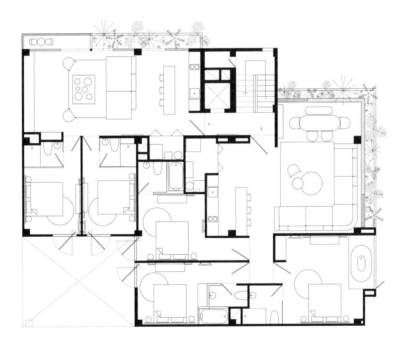

Planta nivel 2 (abajo), planta nivel 3 (arriba)
Level 2 plan (bottom), Level 3 plan (top)

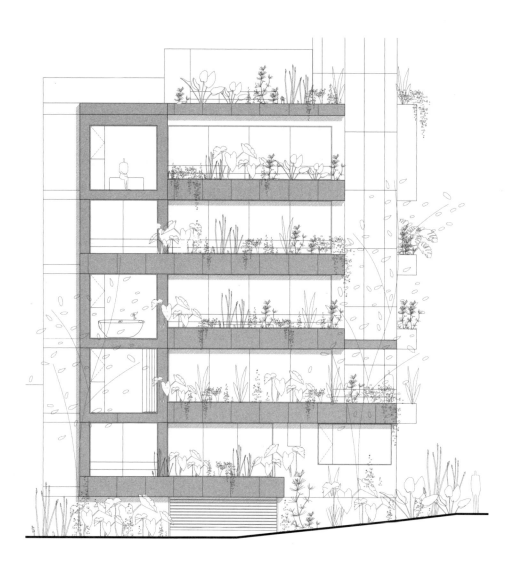

0   5m

Fachada Calle 10A
Elevation, Calle 10A

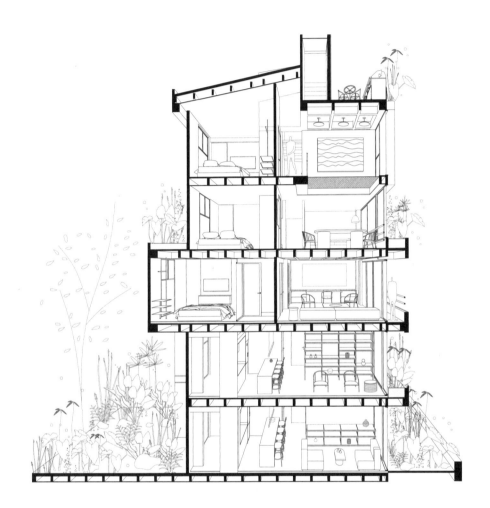

Sección perspectivada
Perspective section

Circular Flats

Desarrollamos este proyecto en el barrio Laureles de la ciudad de Medellín, cerca de la Universidad Pontificia Bolivariana, con pocos recursos. Con aproximadamente 200,000 USD debíamos hacer rentable una propiedad existente al transformarla en una residencia estudiantil, operada con el modelo de renta de media estancia.

El reto comenzó con la recuperación de 450 m² de la estructura existente de tres niveles y la adición de un volumen posterior de 250 m² para albergar siete habitaciones. En total se conformaron 14 dormitorios, espacios comunes, muy necesarios para el funcionamiento de este proyecto, y un local comercial en relación directa con la calle.

Buscamos que el ejercicio fuera responsable con las finanzas del cliente, una de las premisas principales de nuestro trabajo. La inversión en esta propiedad tiene un retorno de tres a cuatro años, es decir, casi la mitad o una tercera parte del tiempo de cualquier proyecto inmobiliario tradicional de renta.

Se escogieron materiales nobles y duraderos, que nos dieran tranquilidad por su calidad, para crear espacios con el mayor confort posible, con la ejecución de un diseño optimizado y perdurable, sin dejar a un lado la estética y la calidad de la obra.

En ningún momento buscamos descrestar con la arquitectura del entorno, sino pasar un poco desapercibidos.

This project in the Laureles neighborhood in Medellín, near the Pontificia Bolivariana University was limited to a budget of around $200,000 to make an existing property profitable by turning it into student residences for medium-term rental contracts.

We faced the challenge of recovering 450 square meters of the existing three-story structure, and adding a volume of 250 square meters to the rear, where we created seven rooms out of the project's total of fourteen, in addition to the communal areas essential for the project to be functional and one retail space with direct street access.

By taking this approach, our aim was to be financially responsible with the client and to deliver the best possible outcome through the execution of a highly efficient and timeless design.

During the development phase, one of the main tasks was to optimize the available resources while ensuring a high-quality aesthetic and construction quality. Therefore, we chose sturdy and durable materials for the various spaces to be as comfortable as possible.

Rather than producing a design that stood out, we wanted to blend in with the surroundings. This is congruent with our studio's approach; one of our core principles is to respect the client's financial possibilities.

Currently, the investment in the property will be recouped within three to four years, which is almost two or three times as fast as a regular rental property can expect to achieve.

Circular Flats

CIRCULAR FLATS
Cq. 1 # 68 - 86

0   5m

Planta baja
Ground floor plan

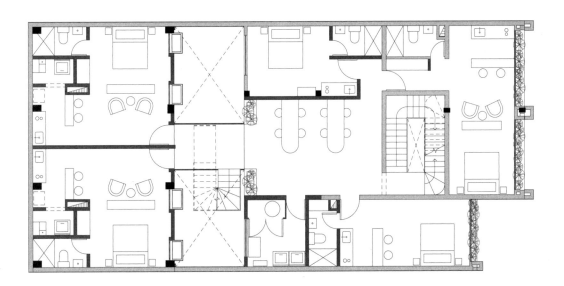

Planta nivel 1
Level 1 plan

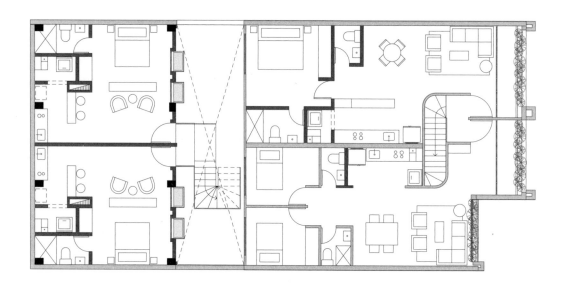

0　　　　　　5m

Planta nivel 2
Level 2 plan

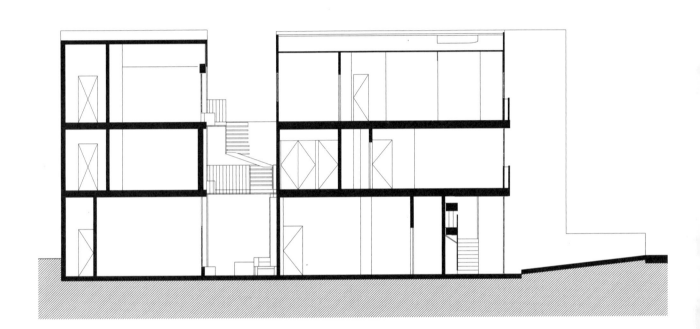

Sección
Section

Taller Arquitectos

Box Office

Box Office es un proyecto de oficinas de pequeña escala ubicado al norte de Bogotá. La regulación actual permite la construcción de un nivel adicional en este tipo de edificios cuando hay estacionamientos en el primer nivel. El diseño logró equilibrar los intereses de los inversionistas con el mayor beneficio para la ciudad. El primer nivel se aprovechó con un establecimiento comercial para reactivar la intersección y no eliminar la actividad sobre la calle con un estacionamiento. En lugar de un piso extra de oficinas, se diseñó un *lobby* y tiendas de doble altura, que responden a la actividad comercial de la calle 119 e invita a los transeúntes a entrar.

Se planteó una lógica constructiva eficiente, que conservara la calidad de los espacios con un funcionamiento correcto de las oficinas en términos de espacio, iluminación, ventilación y relaciones visuales. El patrón permite la flexibilidad de las oficinas sin afectar la fachada. La construcción y la estructura en concreto se ejecutaron *in situ*. En contraste con el concreto, el color amarillo intenso del vestíbulo y la escalera le da carácter e identidad al edificio.

Box Office is a small-scale office building project in the north of Bogotá. Current building codes allow constructions with an additional story for this kind of building when there are first-level parking garages. The design succeeded in balancing the investors' interests with the maximum benefit for the city. Commercial premises on the ground floor helped reactivate the intersection, without shutting out street activity with a car park. Instead of an extra floor of offices, the building has a double-height lobby and retail space, inviting passers-by to visit as they walk down the busy shopping street.
An efficient structural system ensures high-quality areas that work well with the offices in terms of their space, lighting, ventilation, and visual connections. The pattern allows for the offices to be flexible without affecting the façade. The concrete construction and structure were built on site. In contrast to the concrete, the bright yellow used in the lobby and stairwell give the building its character and identity.

Box Office

0   5m

Planta baja
Ground floor plan

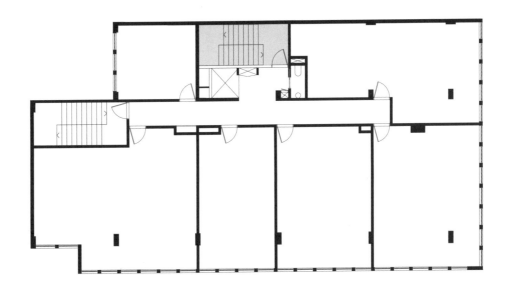

Planta niveles 1-3
Levels 1-3 plan

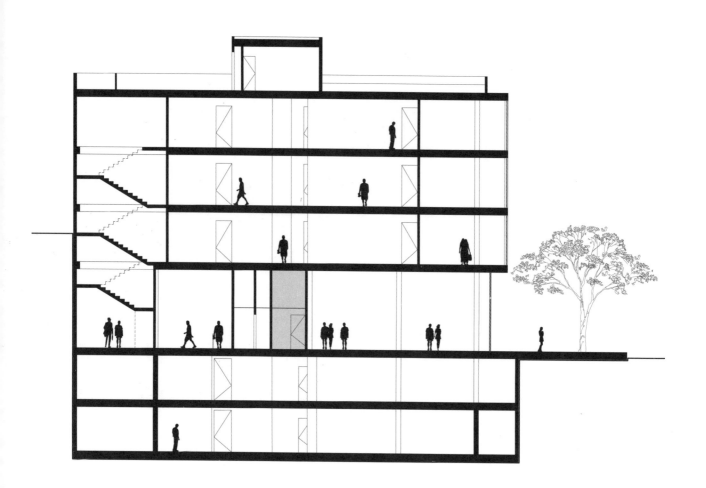

0   5m

Sección longitudinal
Longitudinal section

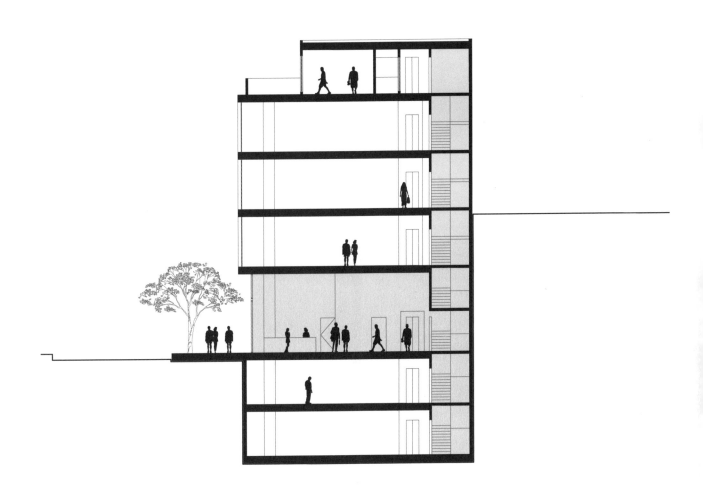

Sección transversal
Transversal section

CO32

En los barrios consolidados de la ciudad de Medellín existen lotes, algunos estrechos o irregulares, que representan un potencial de desarrollo para la estructuración de proyectos inmobiliarios que deben analizarse desde modelos de agrupación que involucren usos distintos.

CO32 es un proyecto que conecta dos lotes para aprovecharlos de manera integral. Uno se encuentra sobre la calle 33, en la que predomina el uso comercial y de servicios, y el otro sobre la calle 32f, con un marcado uso residencial. La integración permite atravesarlos de lado a lado.

Mezcla y densidad en lotes pequeños
La actual crisis de vivienda de la ciudad de Medellín es en esencia una cuestión de cantidad, pero también de imaginación. Las formulaciones convencionales de zona social, servicios y dos habitaciones parecen haber quedado atrás ante la demografía contemporánea y las realidades cambiantes de la familia y la convivencia.

La propuesta que alienta CO32 evita con estrategia la infraestructura de edificios más grandes, con un núcleo vertical eficiente y compacto. CO32 proporciona más espacio para diversificar sus unidades, que van desde apartaestudios y viviendas compartidas, hasta oficinas, comercios, espacios de trabajo compartido y estudios tipo *loft*. Esta mezcla crea una comunidad más fuerte de residentes diversos.

Medellín's established neighborhoods have some narrow or irregular plots that offer development potential for real-estate projects that require an analysis through cluster models involving mixed uses.
CO32 connects two plots to use them in a joined-up approach. One is located on Calle 33, mainly occupied by businesses and stores, and the other on the predominantly residential Calle 32f. The connection between them makes it possible to cross them both, from one side to the other.

Mixed-uses and density on small plots
The current housing crisis in the city of Medellín essentially stems from a lack of houses, but also from a lack of imagination. The conventional program of a communal area, services, and two bedrooms appear to have lost relevance for today's demographics and due to shifting family and social dynamics.
CO32 strategically avoids the infrastructure strategy used for larger buildings, with an efficient and compact vertical nucleus. CO32 provides more space to diversify its units, which range from studio apartments and shared homes to offices, shops, shared workspaces, and lofts. This mixture creates a stronger community of a wide variety of residents.

131

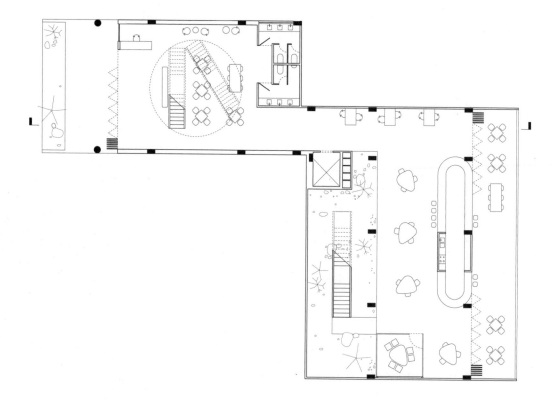

0   10m

Planta baja
Groundo floor plan

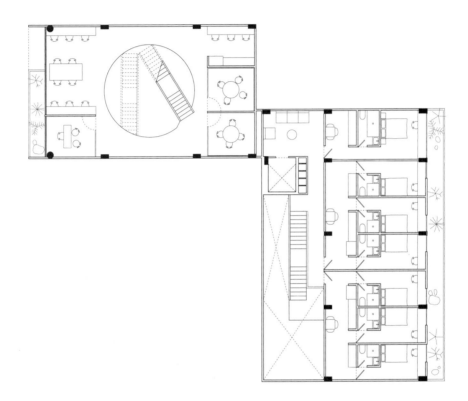

Planta nivel coliving
Co-living level plan

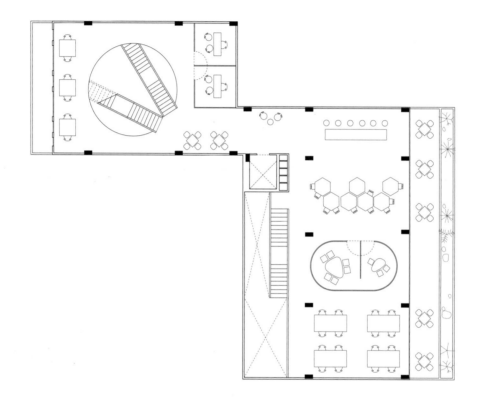

Planta nivel oficinas
Offices level plan

Habitar de montaña

Describir la particular geografía colombiana es complejo. Habría que intentar construir una narrativa sobre el recorrido de la cordillera de los Andes, una fina línea que atraviesa seis países de Sudamérica. Al llegar a Colombia, se divide en tres cadenas montañosas, como los dedos de una mano, que parten la geografía y al mismo tiempo la enriquecen. En un país que tiene salida a dos océanos, también es complejo explicar que casi todas sus ciudades principales se ubican sobre estas cordilleras, asentadas en pliegues distintos. Para ir de una a otra es necesario descender a los valles a nivel del mar y luego ascender a la cima de las montañas en las que se encuentran.

Esta condición geográfica de montaña y de ser su habitante, el *montañero*, ha moldeado nuestra relación con el paisaje. Ir desde el mar hasta la montaña por sinuosas carreteras ascendentes y descendentes es un viaje épico de más de un día. El trayecto implica cruzar todos los pisos térmicos posibles en más de una ocasión y llenar la mirada con cientos de tonos de verde y los oídos con cantos de una enorme variedad de pájaros. La piel se tensa por el sol y a veces es tocada por las nubes. Estas condiciones geográficas particulares han dado origen a un país diverso en naturaleza y cultura, unificado en lo heterogéneo imposible de domesticar.

En este paisaje montañero estamos lejos de la relación con el infinito que nos ofrecen los océanos y las llanuras, pero podemos colocarnos en las partes altas de las montañas, sobre las laderas, para dominar el paisaje y el horizonte, y estar en contacto con lo que se encuentra más allá; o estar abajo, en los valles, en una suerte de enormes patios rodeados por montañas, en una relación con lo íntimo y lo cercano.

Farhid Maya & Iván Forgioni

Describing Colombia's particular geography is complex. To attempt it, the narrative needs to travel along the Andes mountain range, a fine line passing through six countries in South America. On reaching Colombia, it splits into three chains, like the fingers on a hand, dividing and also enriching the geographical regions. In a country with two oceans, it is also difficult to explain that almost all of the main cities are located on these ranges, built along the various creases. Traveling from one to another requires descending to the valleys at sea level and then climbing back up again to the crests.

This mountain geography has shaped how its inhabitants, the montañeros, relate to the landscape. Traveling from the sea to the mountain along winding roads that rise and fall is an epic journey that takes more than one day. The route crosses every possible climate more than once, filling the eyes with hundreds of shades of greens and the ears with the song of an enormous variety of birds. The skin tightens with the sun and is sometimes touched by the clouds. These particular geographical conditions have produced a country with a vast variety of nature and different cultures, connected by an untameable heterogeneity.

This mountainous landscape is remote from the relation to the infinite vistas offered by the oceans and the plains, but we can place ourselves at the high points of the mountains, on the hillsides, to dominate the landscape and the horizon, being in touch with what lies beyond, or down below, in the valleys, amid enormous courtyards surrounded by mountains in a relationship to the intimate and the immediate.

Farhid Maya & Iván Forgioni

Mountain Living

Refugio en la Montaña

El Refugio se ubica en la parte alta de una ladera del municipio de El Retiro, al oriente de la ciudad de Medellín. Se accede por una explanada rodeada por un bosque nativo y una pinera, que se configura con un talud cubierto de vegetación en un costado y la casa principal existente en el otro. En este punto comienza una secuencia de atmósferas y espacios que intensifica la relación con el paisaje.

Para aprovechar la pendiente del terreno y preservar la relación visual entre el acceso, las montañas y el bosque de pinos, se decidió colocar la construcción por debajo del nivel de la casa existente. La entrada a la nueva edificación es una grieta en el horizonte que permite descender y traslada al visitante a un recinto delineado por la vegetación circundante.

Una escalinata conecta la zona plana principal del predio con una terraza que funciona como espacio de encuentro, punto de observación, acceso y articulación con la casa existente. La terraza se extiende alrededor del Refugio y se escalona frente al paisaje para dar paso a distintas formas de apropiación.

Dos espacios habitables y dos módulos de servicio constituyen el interior. El primer módulo contempla un *vestier* y un baño, que dan soporte a la habitación. El segundo módulo funciona como mueble y separa los dos ambientes, contiene espacios de almacenamiento y una cocineta que puede integrarse al área social.

La propuesta de jardines alrededor del Refugio busca potenciar los elementos principales del proyecto: la integración con el paisaje, la creación de pequeñas estancias y el uso de especies que restituyan de manera gradual el espacio construido al bosque nativo.

El Refugio perches high up on the hillsides in the municipal district of El Retiro to the east of the city of Medellín. The entrance is across an esplanade surrounded by native trees and a pine forest, shaped by a vegetable-covered bank on one side and the main pre-existing house on the other. From this point begins a sequence of atmospheres and spaces that intensify the connection with the landscape.

The construction's placement beneath the level of the pre-existing house takes advantage of the slope of the land to preserve the sightlines between the entrance, the mountains, and the pine forest. A gap on the horizon provides the entrance to the new building, taking visitors down and into an enclosure formed by the surrounding vegetation.

A set of stairs connects the flat, principal area of the property with a terrace that provides a meeting space, observation deck, entrance, and connector with the pre-existing house. The terrace stretches around El Refugio, staggered at different levels within the landscape, making it possible to appropriate the space in various ways.

The interiors consist of two living spaces and two service modules. The first module consists of a dressing room and bathroom attached to the bedroom; the second acts as a piece of furniture separating the two areas and containing storage spaces and a small kitchenette that can be folded into of the social area.

The gardens around El Refugio highlight the project's main aspects: the blending into the landscape, the creation of small living areas, and the use of plant species that gradually merge the built space into the native woodland.

Mountain Refuge

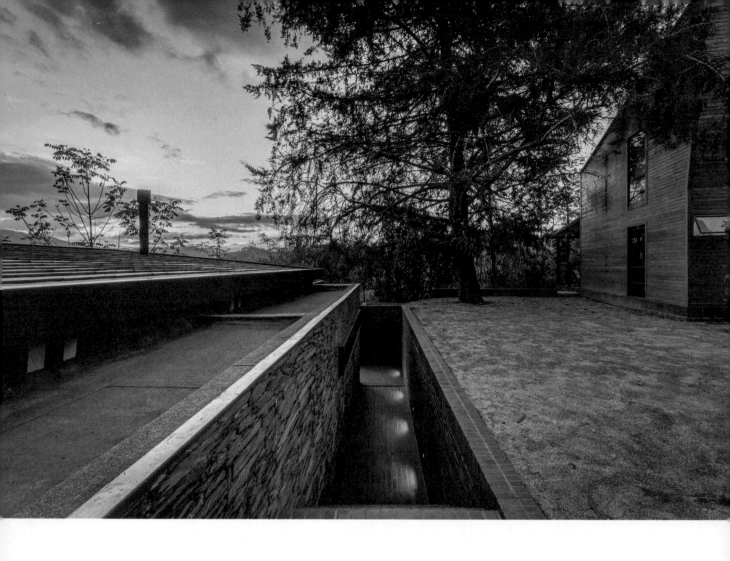

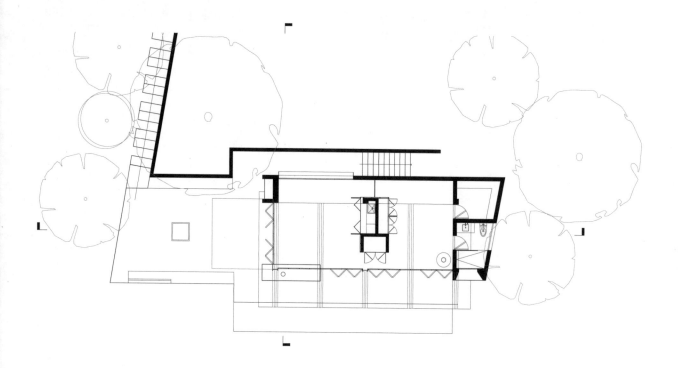

0   5m

Planta
Plan

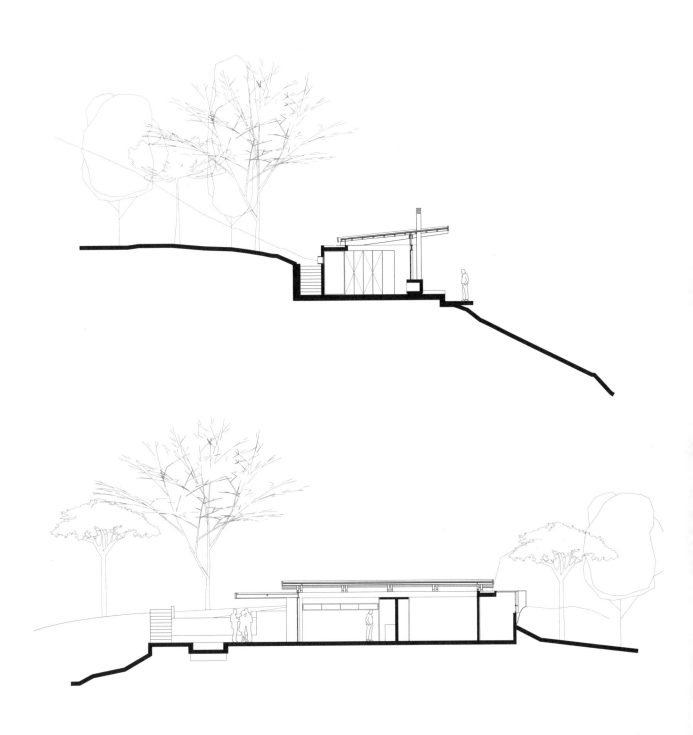

Sección transversal (arriba), Sección longitudinal (abajo)
Transversal section (top), Longitudinal section (bottom)

Centro de Desarrollo Infantil El Porvenir

El Centro de Desarrollo Infantil El Porvenir es una institución pública ubicada en el municipio de Rionegro, Antioquia. Puede albergar hasta 400 niños, principalmente población vulnerable del municipio. Este edificio reemplaza a otra sede que no cumple con las necesidades de un equipamiento de este tipo.

El volumen de ladrillo, de un solo nivel, se conforma por varios pabellones abovedados que se proyectan hacia la quebrada Malpaso y hacia un bosque que se ha sembrado como parte de la intervención. Los pabellones albergan las aulas, que miran directamente a patios intermedios que permiten la ventilación e iluminación adecuadas, y facilitan que los niños tengan una relación directa con la naturaleza y el paisaje, presencias permanentes en este espacio educativo.

Un volumen perpendicular atraviesa los pabellones y alberga las áreas colectivas del proyecto: un comedor, que funciona como gran patio cubierto; la administración; los servicios de atención a madres, padres y estudiantes; un auditorio que se abre al exterior para facilitar que la comunidad lo utilice, y un vestíbulo cubierto, en el que los familiares esperan a sus hijos sin verse afectados por el clima.

La escala de los niños aparece en todo el proyecto: nichos, ventanas y mobiliario se disponen a su altura para que construyan un paisaje propio, sólo disponible para ellos. El tratamiento de color otorga a cada salón un carácter particular que permite a los infantes identificarlos con facilidad y apropiarse de cada espacio.

El Porvenir Children Development Center (CDI) is a public institution in the municipality of Rionegro in Antioquia that caters for up to a total of four hundred children, mainly from vulnerable sectors of the population. The new installations, which replace a small building that no longer met the institution's needs, is a single-story, exposed-brick building consisting of a series of vaulted pavilions that project outward toward the Malpaso ravine and onto the woods planted as part of the intervention. These pavilions contain the classrooms that look out directly onto several courtyards, not only providing proper natural ventilation and lighting but also giving the children a direct connection to the surrounding nature and landscape, making these elements a constant presence in the educational spaces and embedding the classrooms within their natural setting.

These pavilions are joined by a volume that is perpendicular to them and contains the project's communal zones: a refectory in a large, roofed courtyard; the administrative offices; a reception area for parents and students; an auditorium the opens out directly onto the exterior for the community to be able to use it directly; and a roofed lobby where parents can take shelter from the elements while they wait for their children.

The project included many details on the appropriate scale for children: niches, windows, and furniture are all designed for their height, enabling them to create their own landscapes, solely for their own use. The classrooms' different color schemes give them a particular character for the children to easily identify and appropriate each space.

El Porvenir Children Development Center

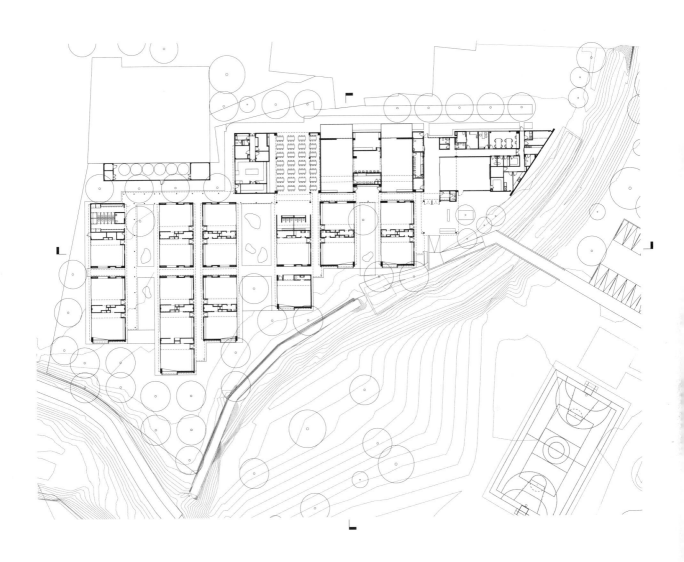

Planta
Plan

0   20m

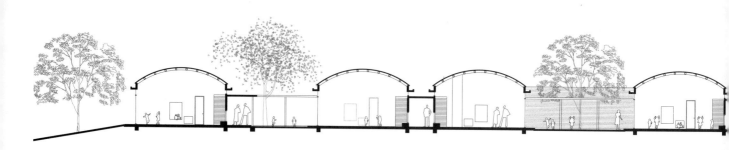

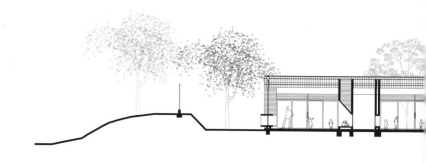

0   10m

Sección longitudinal (arriba), Sección transversal (abajo)
Longitudinal section (top), Transversal section (bottom)

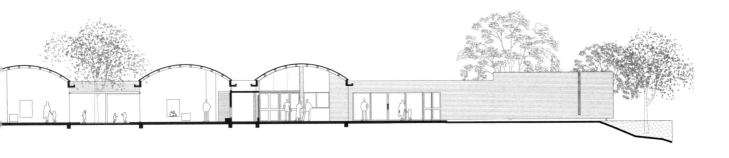

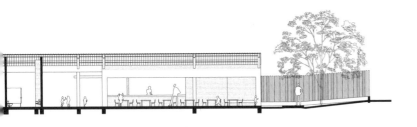

Sendero de los Cerros de Bogotá

El Sendero de los Cerros conforma un eje que permite recorrer la ciudad de Bogotá de norte a sur. Se trata de un trayecto panorámico por la montaña que ofrece varias visuales de la ciudad. El sendero cumple con dos objetivos: no sólo dará cabida a procesos de restauración ecológica y se exaltará el ambiente natural, también se utilizará para prevenir y mitigar incendios forestales. Para proteger la Reserva Forestal es fundamental que el sendero se ubique en la parte media de la altura total del cerro, con accesos que faciliten el ingreso del cuerpo de bomberos y elementos que garanticen el abastecimiento confiable de agua en la atención a emergencias.

El Sendero busca ampliar la conectividad dentro de la montaña: permitirá actividades de adecuación, mantenimiento y complementación de la red existente de senderos y fortalecerá el uso público de los Cerros Orientales con actividades de recreación pasiva y educación ambiental que resalten el valor patrimonial y paisajístico de la Reserva Forestal, y contribuyan al mejoramiento de la calidad de vida de los ciudadanos.

Cada parte del sendero, con su entrada y salida, supone una experiencia con una identidad propia. Se trazaron 19 tramos o unidades de paisaje. Cada experiencia tiene su carácter, infraestructura e hitos particulares. El proyecto cuenta con un sendero principal de 70 km y 25 senderos de acceso, de 27 km de largo.

The Bogotá Mountain Path is a path running across the length of Bogotá from north to south. This panoramic route through the hills offers various views over the city. The path has two objectives: to aid ecological restoration processes, prioritizing the natural environment; and to prevent and mitigate forest fires. To protect the forest reserve, it is essential for the path to be located halfway up the hillside, with entrances that give access to firefighters and other infrastructure to ensure reliable water supplies in emergencies.

The path is designed to increase connections within the mountain area, allowing for work to restore, maintain, and complement the existing network of paths and encourage the public to visit the Cerros Orientales for recreational activities and environmental education, highlighting the heritage value and landscape of the forest reserve and helping improve people's quality of life.

Each section of the path, with its own entrance and exit, promises a unique experience. The design has a total of nineteen sections or landscape stages. Each experience has its own identity, infrastructure, and particular landmarks. The project's main path measures seventy kilometers, with twenty-five entrance paths measuring twenty-seven kilometers.

Bogotá Mountain Path

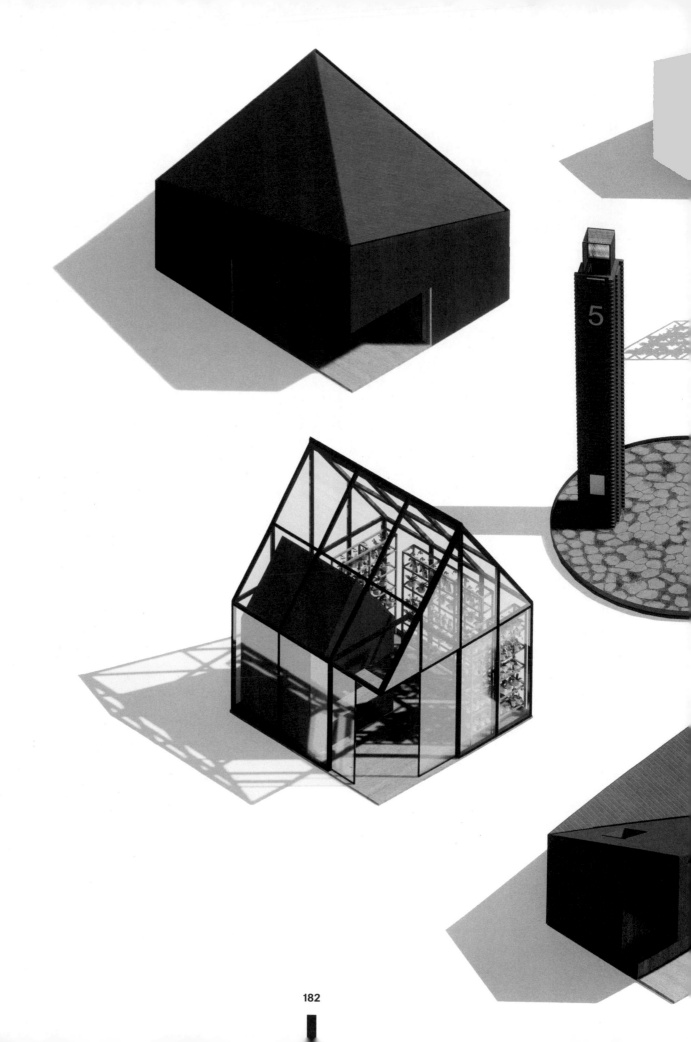

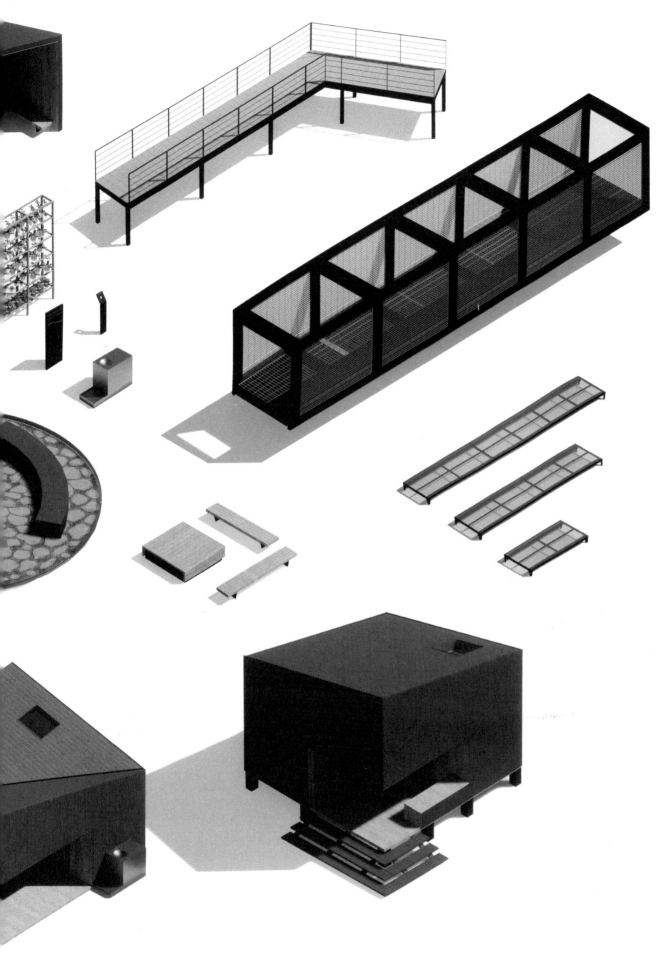

Escuela Rural El Hobo

El proyecto forma parte de la adición a una escuela existente bastante deteriorada, localizada en la Vereda El Hobo,
a 40 minutos del municipio del Carmen de Bolívar, muy
cerca de los Montes de María, al norte de Colombia. Con
una temperatura promedio de 32 °C y una humedad relativa
alta, se eligió una arquitectura permeable, que permi-
tiera el paso constante de ventilación natural y el ingreso
controlado de luz natural.

Los dos bloques nuevos se asientan directamente sobre
el suelo natural, mientras la circulación se resuelve con
rampas que asumen la pendiente. El acceso a las aulas se
amplía en el primer piso, como área de extensión para el
aprendizaje. En el segundo nivel, los espacios actúan como
balcones que miran el paisaje lejano de los Montes de María.

Las cubiertas se extienden con amplitud sobre los
bloques para generar sombra durante del día y confort climático tanto en el interior como en el patio y las circu-
laciones.

Con un presupuesto ajustado, se apostó por materiales
duraderos y de bajo mantenimiento, para mantener un
lenguaje sobrio y abierto que entienda la escuela rural como
centro de la vida comunitaria.

*This project forms part of an extension to a school that was
in a dilapidated state, in Vereda El Hobo, forty minutes from
the municipal district of Carmen de Bolívar, near Montes
de María, in northern Colombia. With an average temperature
of 32 degrees centigrade and a relatively humid climate,
the design was for a permeable architecture that would allow
cross ventilation and regulate the entry of natural light.*

*The two new classroom blocks sit directly on the earth,
while circulation ramps follow the contours of the terrain. The
entries to the classrooms are broadened on the first floor
as extended areas for learning, and on the second floor they
function as balconies with views onto the distant Montes
de María.*

*The roofs stretch out broadly on blocks to provide shade
during the day and to regulate the interior and exterior temperature in the courtyard area and circulations.*

*Durable, low-maintenance materials were chosen due to
the project's very low budget, with a simple and open
language, developed from an understanding of rural schools
as centers of community life.*

El Hobo Rural School

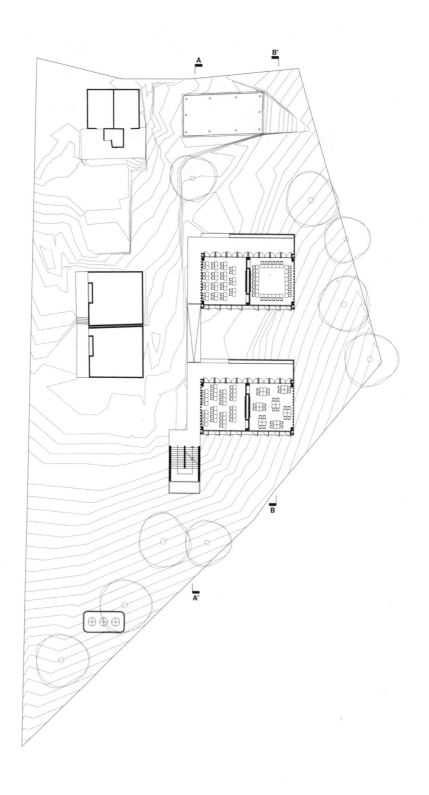

Planta baja
Ground floor plan

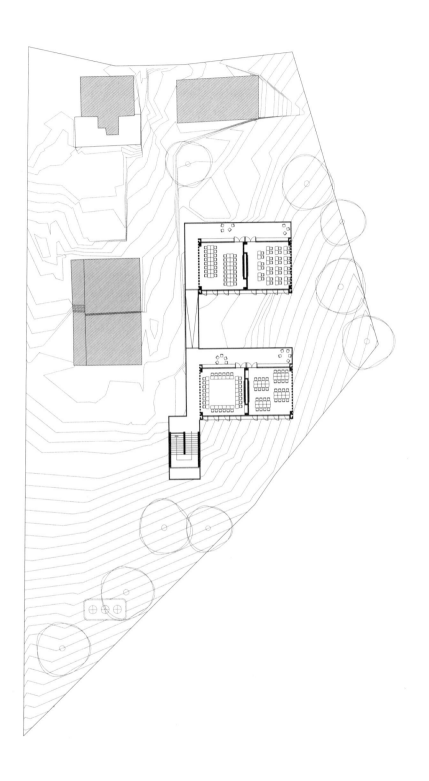

Planta nivel 1
Level 1 plan

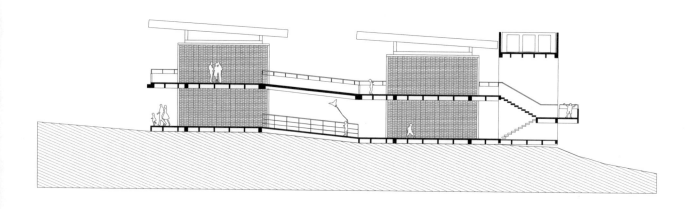

0   10m

Sección A-A'
Section A-A'

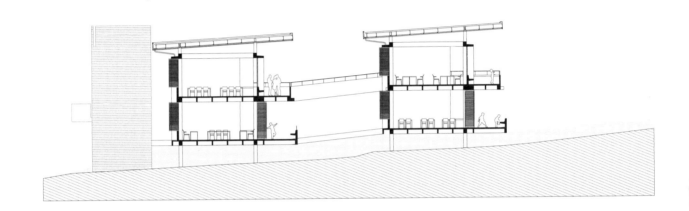

Sección B-B'
Section B-B'

Cabaña Familiar

Después de recorrer una colección de más de 2,000 orquídeas incrustada en medio de un bosque nativo, se alzan sobre el terreno estas estructuras que buscan fundirse con el entorno. Ubicadas en la finca Masdevalia, las cabañas reciben visitantes que buscan escapar de la rutina. Por medio del material y la sencillez de su composición arquitectónica se crea un entorno de calidez.

Después de recorrer el bosque por unos 10 minutos, las cabañas plantean un acceso discreto. Una gran ventana que dirige la mirada al bosque nativo es la fachada principal. Se persigue la idea de habitar el espacio no sólo en el interior, sino como parte de la naturaleza. El único ambiente se siente más como un refugio, en el que no hay más distracciones que la contemplación permanente del entorno.

Como premisa de diseño se buscó un costo de construcción muy bajo. Se erigió una estructura metálica liviana, cuya cubierta se funde con los muros laterales a modo de fachada. Esto permite un ahorro significativo de material y pone el acento en la sencillez de la composición.

After exploring a collection of more than 2,000 orchids embedded in the middle of native woodland, these structures emerge from the ground and blend into the surroundings. Located on the Masdevalia finca, these cabañas are designed for visitors seeking to escape their daily routines. The materials and simple architectural composition create a warm ambience.

After a ten-minute exploration of the forest, the cabañas offer a discrete entrance. On the main façade, a large window directs the gaze onto the native woodland. The project encourages people not only to inhabit the interior but also to see it as part of the natural surroundings. The single space creates the sense of a shelter, where the only distraction is the permanent contemplation of the surroundings.

The design premise was to create a low-cost construction. A lightweight metal structure has a roof that merges into the side walls like a façade. This affords significant savings in terms of materials and emphasizes the composition's simplicity.

Family Cabin

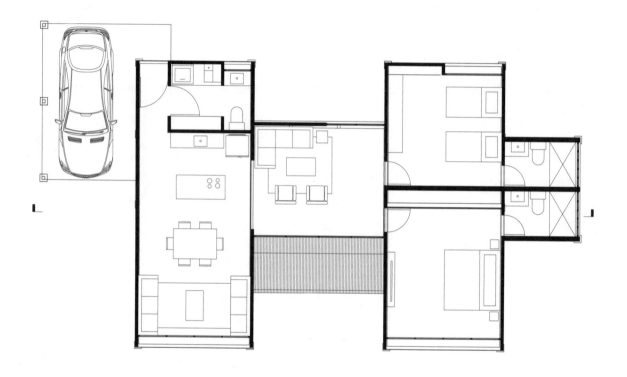

0   5m

Planta
Plan

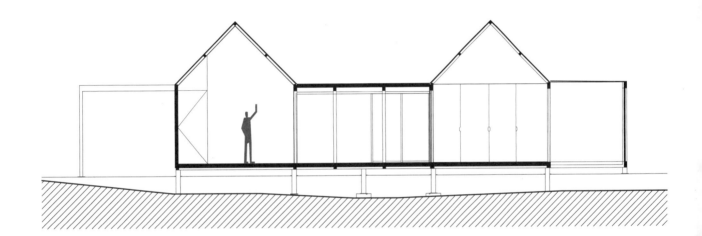

Taller Síntesis +
Diana Herrera + Mauricio Valencia

Parque Educativo
"Saberes Ancestrales"

Vigía del Fuerte es un municipio delimitado por la selva y el río Atrato, que se desborda cada año. Los pobladores han construido sus hogares un metro sobre el nivel del suelo para disminuir el impacto de las crecidas. Con éste y otros elementos, como las fachadas que permiten la circulación del viento, las cubiertas de pendientes elevadas y los grandes aleros, han definido la arquitectura tradicional del municipio. Estos elementos son reinterpretados en el parque.

El proyecto se formaliza con la suma de dos de las casas, dispuestas una al lado de la otra, elevadas 2.5 m del suelo. Las fachadas son celosías que permiten el cruce continuo de vientos para mantener frescos los espacios interiores. Las cubiertas permiten recolectar y tratar agua de lluvia para garantizar el consumo, y aleros generosos protegen los espacios del agua y el sol.

En el costado oriental, la rampa de acceso sirve de gradería a la Plaza de Sombras, en la que conviven el esparcimiento pasivo y los espacios deportivos. En el costado occidental, una pequeña gradería desciende hasta el nivel de las calles elevadas del municipio. El centro de las dos casas se vacía para dar lugar al Patio del Sabedor, un espacio público cubierto en el que todos los habitantes pueden estar juntos, protegidos de las lluvias y la radiación solar. La Plaza de Sombras y el Patio del Sabedor serán los primeros lugares de encuentro y discusión del municipio, una a cielo abierto y otro bajo techo.

Vigía del Fuerte is a Colombian municipality bordered by the jungle and the Atrato river that floods each year. This has prompted the local inhabitants to build their homes a meter above ground level to reduce the impact of rising water levels, a building technique that defines the local architecture along with other adaptations to local conditions: façades that allow cross-ventilation, steeply sloping roofs, and eaves with a large overhang. The park project has reinterpreted these same features and is shaped by the joint presence of two of the houses located one beside the other and raised 2.5 meters above ground level. The latticework façades permit constant cross-ventilation to cool the interiors.

The roofs are designed to capture and treat rainwater to provide for the building's own use, and the eaves with the large overhang provide shelter from the rain and the sun. On the east side, the entrance ramp works as terraced seating on the Shaded Plaza that is a space for entertainment and sports. On the west, a small set of terraces descends to the level of the municipality's raised roads. The area in between the two houses is left as a void to create the Courtyard of the Wise Man, a roofed public space where all the local inhabitants can come together, sheltered from the rains and fierce sun. The Shaded Plaza and the Courtyard of the Wise Man will be the municipal district's first-ever squares —one open air and the other covered by a roof—providing venues for the community to hold meetings and engage in discussions.

"Saberes Ancestrales"
Educational Park

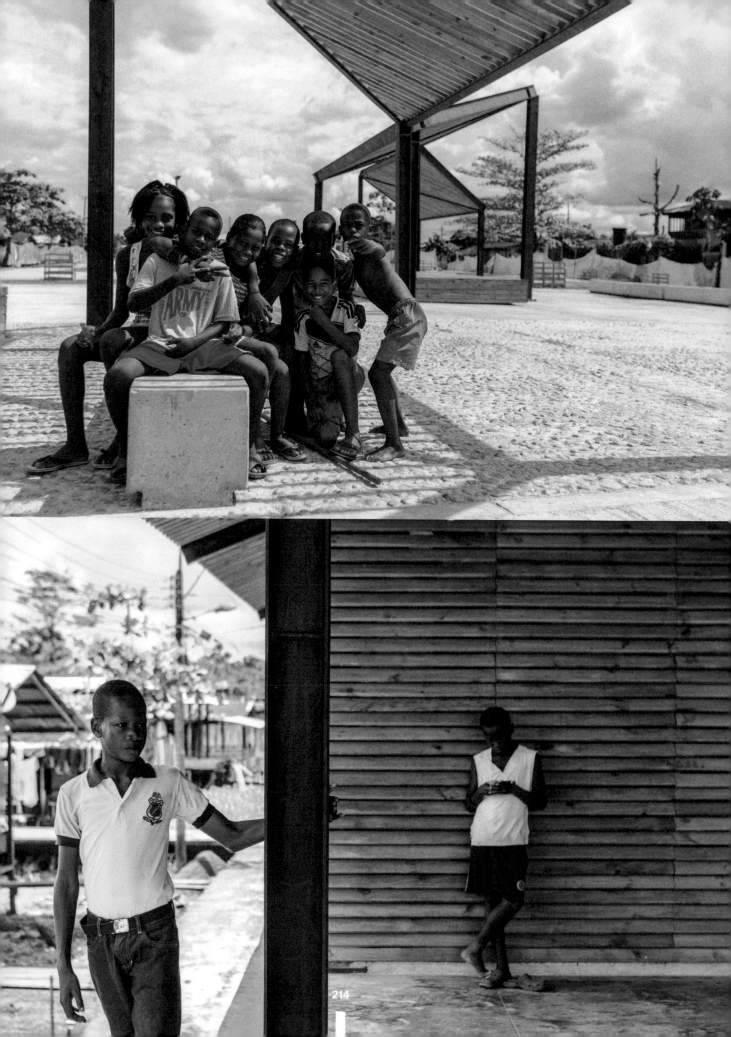

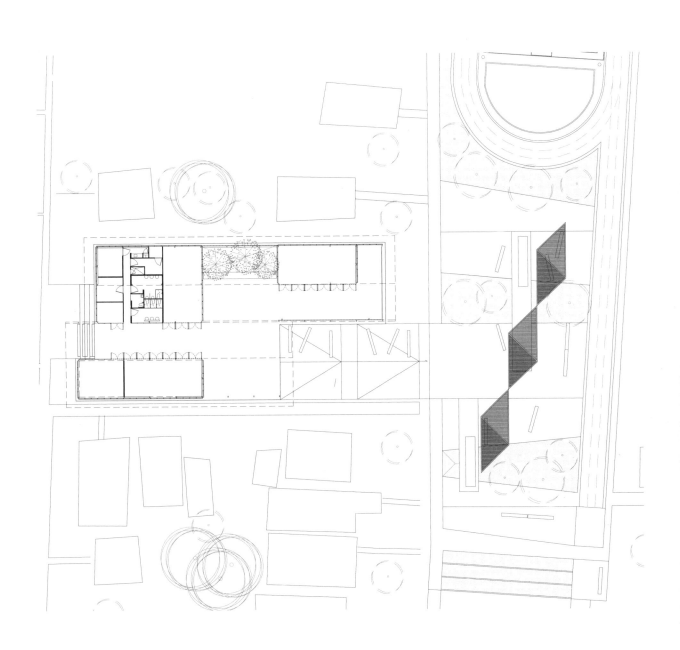

0   20m

Planta
Plan

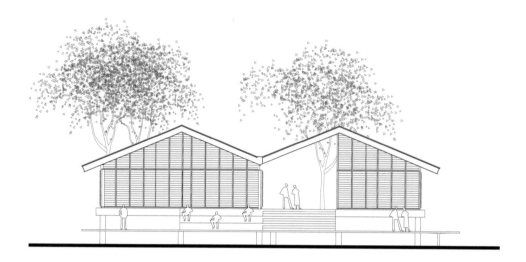

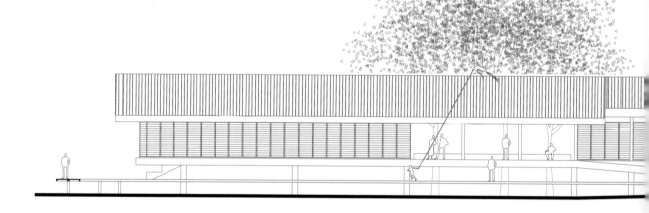

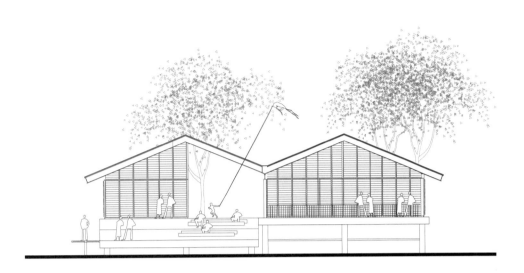

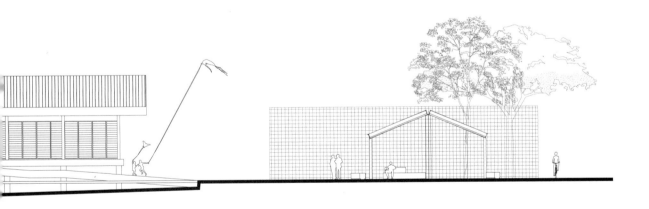

0   10m

Fachada hacia la carrera (arriba izquierda), fachada hacia la plaza (arriba derecha), fachada lateral (abajo)
Elevation from the street (top left), Elevation from the plaza (top right), Lateral elevation (bottom)

Anexos

Annexes

Semblanzas

ar_ea. Estudio de Arquitectura

Fundado en 2017 en la ciudad de Medellín por la arquitecta Amalia Ramírez, su práctica se asienta en el diseño arquitectónico de distintas escalas y complejidades. Mantiene un especial interés por la vivienda, el habitar y sus variaciones tipológicas, así como por el proceso, la investigación y el hallazgo de referencias en las disciplinas de la arquitectura, el arte, la escultura, la geometría y la materialidad de los objetos.

Cauce // Arquitectura del Paisaje

Cauce es un taller de arquitectura fundado en 2010 en la ciudad de Medellín por el arquitecto Sebastián Monsalve, egresado de la Universidad Nacional. Concibe cada proyecto a partir del entendimiento territorial, social y cultural, como la oportunidad para construir un nuevo paisaje: una arquitectura del paisaje.

Su trabajo se ha caracterizado por intervenciones a escala de ciudad con alto impacto en las dinámicas urbanas y sociales. Un ejemplo es Parques del Río Medellín, su proyecto insignia, que le ha valido el reconocimiento internacional con premios como el World Architecture Festival 2018, la II Bienal Latinoamericana de Arquitectura de Paisaje y la XXVII Bienal Colombiana de Arquitectura y Urbanismo, entre otros.

DARP - De Arquitectura y Paisaje

Jorge Buitrago, arquitecto magíster en paisaje, y Jaime Cabal, arquitecto con estudios en arquitectura moderna, fundaron DARP en 2012, luego de ganar juntos su primer concurso público nacional. Para ellos la arquitectura y el paisaje son disciplinas integradas. En su trabajo indagan sobre sus posibilidades en el espacio y su relación con la cultura.

Los proyectos de DARP parten en gran medida de concursos públicos, en los que han obtenido 16 premios hasta la fecha. Su trabajo ha sido reconocido en distintos escenarios, entre los que destacan la Bienal Nacional del Paisaje de México 2016, el premio mundial en la categoría Hábitat Social y Desarrollo de la Bienal Panamericana de Arquitectura de Quito 2020 y la nominación al Premio Mies Crown Hall Americas 2022.

ar_ea. Estudio de Arquitectura

Founded in 2017 in Medellín by the architect Amalia Ramírez, this architecture practice designs on different scales and levels of complexity, with a particular interest in various typologies of housing and dwellings. The studio also studies processes, undertakes research, and explores references at the intersections of architecture, art, sculpture, geometry, and the material quality of objects.

Cauce // Arquitectura del Paisaje

Sebastián Monsalve—a graduate in architecture from Colombia's Universidad Nacional—founded Cauce in 2010 in Medellín. The studio takes a territorial, social, and cultural approach to each project, as an opportunity to construct a new landscape: a landscape architecture.
Notable projects include interventions on an urban scale with a strong social impact. For example, the Medellín River Parks project earned the studio international awards such as the World Architecture Festival 2018, the 2nd Latin American Landscape Architecture Biennial, and the 27th Colombian Biennial of Architecture and Urbanism.

DARP - De Arquitectura y Paisaje

Jorge Buitrago, a master landscape architect, and Jaime Cabal, a specialist in modern architecture, founded DARP in 2012 after the pair won their first national public commission. They approach architecture and landscape as integrated disciplines, researching the possibilities in space and its relation to culture.
DARP's projects are largely the result of public competitions, and to date the studio has won 16 awards of various kinds: the National Landscape Biennial of Mexico (2016), Panamerican Architecture Biennial of Quito (2020), and a Mies Crown Hall Americas Prize nomination (2022).

Del Valle Studio

Del Valle Studio es un estudio de arquitectura interior que interpreta el diseño desde la escala arquitectónica hasta la mirada objetual. Produce una arquitectura y diseños evocadores, minimalistas y conceptualmente claros, en los que integra una amplia experiencia en proyectos privados, públicos y urbanos.

Su lucha diaria como empresa es crear, diseñar nuevas identidades y dar valor a la humanidad por medio de su oficio. David Del Valle, su fundador, afirma: "No estamos limitados a un plano físico, exploramos digitalmente diferentes formas de entender y repensar el espacio. Estamos en constante investigación de metodologías de proyección y materialización de nuestras ideas".

Estudio Territorios

Es un taller de arquitectura en Medellín, en 2015. Su trabajo se basa en la exploración del territorio como un concepto global, sin hacer hincapié en las dicotomías naturaleza-artificio o urbano-rural. Los arquitectos fundadores Billy Hurtado García y Julián Castaño Ospina entienden la arquitectura no como una adición al lugar, sino como un mecanismo de transformación para potenciar sus cualidades.

El taller se enfoca en proyectos institucionales y urbanísticos adjudicados por medio de concursos nacionales e internacionales, entre los que destacan el Parque Metropolitano Almaviva, en Villavicencio; la nueva sede de la Alcaldía San Cristóbal, en Bogotá, y el Centro Felicidad Fontanar del Río, en Bogotá, en asociación con Cauce y Mapas Arquitectura. Estudio Territorios fue finalista en los concursos Pabellón Mextrópoli 2016, en la Ciudad de México, y University Island, de Young Architects Competitions.

FP - Arquitectura

FP es una oficina de arquitectura basada en Medellín, fundada por los arquitectos Iván Forgioni y José Puentes. Los proyectos, de escala y usos diversos, surgen de una lectura atenta del contexto para dar una respuesta adecuada a las actividades humanas que se desarrollarán en el espacio. El objetivo es implementar una técnica constructiva eficiente y coherente con el medio para producir una arquitectura sensible a su entorno y el bienestar de las personas.

Su trabajo se ha desarrollado en varias ciudades de Colombia, principalmente en proyectos institucionales y educativos, seleccionados en varias bienales nacionales de arquitectura y reconocidos en 16 concursos de arquitectura.

Lab

Lab es un estudio formado en la ciudad de Medellín por los arquitectos Alejandro Restrepo Lalinde, con una especialización en gerencia de proyectos, y Juan Esteban Gómez Montoya, con especialización en gestión urbana. Su trabajo se basa en tres premisas clave: la responsabilidad con los recursos económicos y naturales, la responsabilidad técnica y funcional, y la calidad humana de las personas que hacen parte de los procesos.

Lab se enfoca en la factibilidad de sus proyectos, con la creencia de que la espacialidad que se crea y la optimización de todos los aspectos de la arquitectura representan el valor del diseño, no el costo del material.

Del Valle Studio

Del Valle Studio is an interior architecture studio that interprets design from the architectural scale to the objectual gaze. It produces evocative designs and architecture that is minimalist and with clear concepts, exhibiting its broad experience in private, public, and urban projects.
The firm's daily mission is to create, design new identities, and assign value to humanity through its work. Founder David Del Valle says, "We are not restricted to a physical plane. We explore different ways of understanding and rethinking space. We are constantly undertaking research into methodologies for planning our ideas and putting them into practice."

Estudio Territorios

This Medellín-based studio was established in 2015. Its work is based on exploring the territory as a global concept, without emphasizing the nature-artifice or rural-urban dichotomies. Its founding architects Billy Hurtado and Julián Castaño Ospina do not view architecture as an addition to the place but as a means of transformation to expand the qualities of space.
With a focus on entering national and international competitions for institutional and urban designs, the studio's most notable projects include: Almaviva Metropolitan Park in Villavicencio; the new local town council building in San Cristóbal, Bogotá; and the Fontanar del Río Happiness Center, in Bogotá, in collaboration with Cauce and Mapas Arquitectura. Estudio Territorios was also runner-up in the following competitions: Mextrópoli Pavilion 2016, Mexico City, and Young Architects Competitions' University Island.

FP - Arquitectura

FP is a Medellín-based architecture studio founded by architects Iván Forgioni and José Puentes. Its projects range in scale and type, and are born of a careful reading of the context to meet people's needs. The studio focuses on efficiency in the construction and coherence with the surrounding area to produce works that are sensitive to their context and their users' wellbeing.
The studio has worked in various Colombian cities, mainly on institutional and education projects; it has been selected at various national architecture biennials and the quality of their projects have been recognized in 16 architecture competitions.

Lab

Lab was set up in Medellín by architects Alejandro Restrepo Lalinde, a specialist in project management, and Juan Esteban Gómez Montoya, an expert in urban administration. Their work rests on three core premises: responsible use of financial and natural resources; technical and functional accountability; and the human aspect of people involved in the processes.
Lab focuses on its project's feasibility, based on the belief that the spaces created and the optimization of all architectural spaces represent the design's value, rather than the cost of the materials used.

Taller Arquitectos

Con sede en Bogotá y una oficina en Ámsterdam, actúa en los campos de la investigación, la arquitectura y el territorio. Establecida en 2009, hoy opera con 21 personas bajo la dirección creativa de sus fundadores. Taller no tiene un estilo particular, sino un método riguroso. El proceso de investigación detrás de los proyectos permite ampliar el pensamiento y obtener aprendizajes locales para actuar globalmente, y nutrirse de ideas globales para impactar el contexto local.

Taller Síntesis

Es una oficina fundada en la ciudad de Medellín, en 2008, por tres amigos y compañeros de clase de la Universidad Nacional de Colombia: David Cuartas, Lucas Serna y Farhid Maya. Gran parte de su trabajo se ha enfocado en las áreas rurales de Colombia, en el entendimiento del lugar existente, la gente, su cultura y modos de vida, para transformarlos en oportunidades para resaltar y recuperar la identidad cultural, y lograr una apropiación que mejore la vida de las personas y las comunidades.

Su trabajo fue seleccionado en la Bienal Iberoamericana de Arquitectura y Urbanismo y ha obtenido múltiples reconocimientos, entre ellos, el Premio Nacional de Arquitectura de Colombia y la primera mención en la Bienal Panamericana de Arquitectura de Quito.

TEXTO

Jorge Pérez Jaramillo

Es un arquitecto y planificador que reside en Medellín y miembro del MDE Urban Lab, www.mdeurbanlab.com. Fue jefe de Planeación de Medellín entre 2012 y 2015, y decano de las facultades de Arquitectura de la Universidad Pontificia Bolivariana, de 1993 a 2001, y de la Universidad Santo Tomás en Medellín, de 2018 a 2019. Profesor e investigador invitado en el King's College de Cambridge, en 2017, y en otras universidades de Colombia y Estados Unidos, entre otros países, es autor del libro *Medellín. Urbanismo y sociedad* (Turner, México y Madrid, 2019).

Taller Arquitectos

Based in Bogotá and with an office in Amsterdam, this studio works on research, architecture, and territory. Founded in 2009, Taller Arquitectos now has 21 collaborators working under the creative guidance of its founders. Taller does not have a particular style of architecture, but it does employ a rigorous methodology. The research process behind its projects makes it possible to develop ideas and learn from local contexts to act on a global scale, and find inspiration from global ideas to make an impact at a local level.

Taller Síntesis

This studio was established in Medellín in 2008 by three friends and fellow graduates of the National University of Colombia: David Cuartas, Lucas Serna, and Farhid Maya. Much of their work has been focused on rural areas of Colombia and is based on studying the local context, people, culture, and lifestyles in order to transform them into opportunities to emphasize and recover cultural identity, and to improve the life of people and communities through appropriation.

Its work has been selected by the Iberoamerican Biennial of Architecture and Urbanism, and has received numerous awards, including Colombia's National Architecture Prize and the first mention at the Panamerican Architecture Biennial of Quito.

TEXT

Jorge Pérez Jaramillo

Jorge is an architect and urban planner who lives in Medellín, and member of MDE Urban Lab, www.mdeurbanlab.com. Planning Director of Medellín (2012–2015), Dean of the Architecture faculties in the Pontificia Bolivariana University (1993–2001) and the Santo Tomás University in Medellín (2018–2019). Visiting fellow at King's College, Cambridge (2017) and other universities in Colombia and the United States, among other countries. Author of Medellín. Urbanismo y sociedad (Turner, Mexico City and Madrid, 2019).

Bios

Créditos

Frente Marítimo Cívico
ANDINA

Ubicación: Riohacha, La Guajira, Colombia
Área construida: 474 ml / 2,642 m²
Arquitectos a cargo: ANDINA / Taller Arquitectos + Cauce
Estado: Proyecto
Año de proyecto: 2021
Equipo de diseño: ANDINA + Diseño Público + Sociedad Colombiana de Arquitectos
Cliente: La Alcaldía de Riohacha y Hocol

Parques del Río Medellín
Cauce // Arquitectura del Paisaje

Ubicación: Medellín, Colombia
Área construida: 86,925 m²
Arquitectos a cargo: Sebastián Monsalve (Cauce) + Juan David Hoyos
Estado: Construido
Año de proyecto: 2015
Año de término: 2020
Equipo de diseño: Viviana Velásquez Amaya, Sebastián González, María Paula Rico Pulgarín, David Mesa
Cliente: Alcaldía de Medellín
Ingeniería: OHL Construcción – Consorcio SSV-3
Paisajismo: Nicolás Hermelín
Constructor: OHL Construcción – Consorcio SSV-3
Fotografía: Juan Sebastián Saldarriaga, Mauricio Carvajal

Parque Metropolitano Almaviva
Estudio Territorios

Ubicación: Villavicencio, Meta, Colombia
Área construida: 213,000 m²
Arquitectos a cargo: Billy Hurtado, Julián Castaño
Estado: Proyecto
Año de proyecto: 2021
Equipo de diseño: Estefanía Ortiz, Santiago Jiménez, Manuela Salazar, María Clara Toro, Yennifer Machado, Estefanía Martínez, Catherine Echeverry, Kelly Marín, Nicolás Ocampo, David Montoya, Santiago Agudelo, Andrés Mazo
Cliente: Alcaldía de Villavicencio
Ingeniería: WAVF Ingenieros
Paisajismo: DARP - De Arquitectura y Paisaje
Diseño eléctrico: IIE Ingeniería
Diseño hidrosanitario: Héctor Herrera
Diseño mecánico: Climatizaring
Estudio bioclimático: Verónica Henríquez

Civic Pier
ANDINA

Location: Riohacha, La Guajira, Colombia
Surface constructed area: 474 ml / 2,642 m²
Architects in charge: ANDINA / Taller Arquitectos + Cauce
Status: Project
Year of project: 2021
Design team: ANDINA + Diseño Público + Sociedad Colombiana de Arquitectos
Client: Municipality of Riohacha and Hocol

Medellín River Parks
Cauce // Arquitectura del Paisaje

Location: Medellín, Colombia
Surface constructed area: 86,925 m²
Architects in charge: Sebastián Monsalve (Cauce) + Juan David Hoyos
Status: Built
Year of project: 2015
Year of completion: 2020
Design team: Viviana Velásquez Amaya, Sebastián González, María Paula rico Pulgarín, David Mesa
Client: Alcaldía de Medellín
Engineering: OHL Construcción – Consorcio SSV-3
Landscaping: Nicolás Hermelín
Builder: OHL Construcción – Consorcio SSV-3
Photography: Juan Sebastián Saldarriaga, Mauricio Carvajal

Almaviva Metropolitan Park
Estudio Territorios

Location: Villavicencio, Meta, Colombia
Surface constructed area: 213,000 m²
Architects in charge: Billy Hurtado, Julián Castaño
Status: Project
Year of project: 2021
Design team: Estefanía Ortiz, Santiago Jiménez, Manuela Salazar, María Clara Toro, Yennifer Machado, Estefanía Martínez, Catherine Echeverry, Kelly Marín, Nicolás Ocampo, David Montoya, Santiago Agudelo, Andrés Mazo
Client: Alcaldía de Villavicencio
Engineering: WAVF Ingenieros
Landscaping: DARP - De Arquitectura y Paisaje
Electrical design: IIE Ingeniería
Plumbing design: Héctor Herrera
Mechanical design: Climatizaring
Bioclimatic analysis: Verónica Henríquez

CDRC El Tunal
FP - Arquitectura

Ubicación: Parque El Tunal, Bogotá, Colombia
Área construida: 13,533 m²
Arquitectos a cargo: Iván Forgioni, José Puentes
Estado: Construido
Año de proyecto: 2018-2019
Año de término: 2020
Equipo de diseño:
Concurso: Camilo Cano, Camilo Ramírez, Camilo Peña,
   Juan José López, Lorena Mejía, Mariana Vélez, Susana
   Londoño, John Fredy Vázquez, Daniel Vergara, Laura
   Muñetón, Juan Camilo Osorio, Juliana Quintero
Proyecto: Juan José López, Camilo Cano, Camilo Ramírez,
   Daniel Vergara, Natalia Gómez, Oscar Meneses,
   Pedro Vélez
Cliente: Alcaldía de Bogotá
Diseño estructural: Wilmar Vélez
Paisajismo: Gloria Aponte
Constructor: Consorcio Capital (AMR construcciones +
   Constructora Conacero SAS)
Diseño eléctrico: Energía estructurada
Diseño hidrosanitario: Plinco Ingeniería
Diseño mecánico: SES soluciones sostenibles
Estudio Bioclimático: Veronica Henríquez
Arquigrafía y señalización: Mesa Estándar
Fotografía: Jairo Llano

Alcaldía San Cristóbal
Estudio Territorios

Ubicación: San Cristóbal, Bogotá, Colombia
Área construida: 8,921 m²
Arquitectos a cargo: Billy Hurtado, Julián Castaño
Estado: Proyecto
Año de proyecto: 2020
Equipo de diseño: Héctor Ospina, Estefanía Ortiz,
   Manuela Salazar, Pamela Pérez, Santiago Jiménez,
   José Manuel Muñoz, Brahian Pinto, Jorge Preciado
Cliente: Alcaldía local de San Cristóbal
Diseño estructural: WAVF Ingenieros
Paisajismo: Arquitectura más verde
Diseño eléctrico: IIE Ingeniería
Diseño hidrosanitario: Hidrinco
Diseño mecánico: HVAC Consulting
Estudio bioclimático: Arquitectura más verde
Arquigrafía y señalización: Toquica

Parque Hídrico Regional Tominé
Cauce // Arquitectura del Paisaje

Ubicación: Embalse en Guatavita, Cundinamarca, Colombia
Área construida: 57 ha
Arquitectos a cargo: Cauce, TAB (Daniel Bonilla)
Estado: Proyecto
Año de proyecto: 2016
Año de término: 2017
Cliente: Fundación Grupo Energía de Bogotá

El Tunal SRCC
FP - Arquitectura

Location: *Parque El Tunal, Bogotá, Colombia*
Surface constructed area: *13,533 m²*
Architects in charge: *Iván Forgioni, José Puentes*
Status: *Built*
Year of project: *2018-2019*
Year of completion: *2020*
Design team:
Competition: Camilo Cano, Camilo Ramírez, Camilo Peña,
Juan José López, Lorena Mejía, Mariana Vélez, Susana
Londoño, John Fredy Vázquez, Daniel Vergara, Laura
Muñetón, Juan Camilo Osorio, Juliana Quintero
Project: Juan José López, Camilo Cano, Camilo Ramírez,
Daniel Vergara, Natalia Gómez, Oscar Meneses,
Pedro Vélez
Client: *Alcaldía de Bogotá*
Structural design: *Wilmar Vélez*
Landscaping: *Gloria Aponte*
Builder: *Consorcio Capital (AMR construcciones +*
Constructora Conacero SAS)
Electrical design: *Energía estructurada*
Plumbing design: *Plinco Ingeniería*
Mechanical design: *SES soluciones sostenibles*
Bioclimatic analysis: *Veronica Henríquez*
Graphic design and signalling: *Mesa Estándar*
Photography: *Jairo Llano*

San Cristóbal Town Council Building
Estudio Territorios

Location: *San Cristóbal, Bogotá, Colombia*
Surface constructed area: *8,921 m²*
Architects in charge: *Billy Hurtado, Julián Castaño*
Status: *Project*
Year of project: *2020*
Design team: *Héctor Ospina, Estefanía Ortiz,*
Manuela Salazar, Pamela Pérez, Santiago Jiménez,
José Manuel Muñoz, Brahian Pinto, Jorge Preciado
Client: *Alcaldía Local de San Cristóbal*
Structural design: *WAVF Ingenieros*
Landscaping: *Arquitectura más verde*
Electrical design: *IIE Ingeniería*
Plumbing design: *Hidrinco*
Mechanical design: *HVAC Consulting*
Bioclimatic analysis: *Arquitectura más verde*
Graphic design and signalling: *Toquica*

Tominé Regional Park
Cauce // Arquitectura del Paisaje

Location: *Reservoir in Guatavita, Cundinamarca, Colombia*
Surface constructed area: *57 ha*
Architects in charge: *Cauce, TAB (Daniel Bonilla)*
Status: *Project*
Year of project: *2016*
Year of completion: *2017*
Client: *Fundación Grupo Energía de Bogotá*

Tropicario Jardín Botánico Bogotá
DARP - De Arquitectura y Paisaje

Ubicación: Jardín Botánico José Celestino Mutis,
  Bogotá, Colombia
Área construida: 3,787 m²
Arquitectos a cargo: Jorge Buitrago, Jaime Cabal
Estado: Construido
Año de proyecto: 2014
Año de término: 2020
Equipo de diseño:
Concurso: Melisa Arango, Carlos Andrés Palacio, Sara Olier,
  Benjamín Gómez, Mateo Agudelo, Dg. Adriana García
Proyecto: David Carmona (Coordinador), Jamie NG, Teresa
  Tognetti Bottone, Carlos Andrés Palacio, Cristian Camilo
  Ríos, Milena Jaramillo, Sebastián Rosas, Héctor Ospina,
  Mauricio Álvarez, Katherine Agudelo,
  Dg. Adriana García
Cliente: Jardín Botánico Bogotá - José Celestino Mutis
Ingeniería: CNI Ingenieros
Paisajismo: DARP + Jardín Botánico Bogotá
Constructor: Consorcio JMV CJS
Fotografía: Mauricio Carvajal

Edificio PAZ
Del Valle Studio + ar_ea. Estudio de Arquitectura

Ubicación: Medellín, Colombia
Área construida: 1,600 m²
Arquitectos a cargo: Del Valle Studio, ar.ea
Estado: Construido
Año de proyecto: 2019
Año de término: 2021
Equipo de diseño: David Del Valle, Amalia Ramírez,
  Estefanía Agudelo, Alejandro Montes, Mateo Parra,
  Natalia Arroyave, Vanessa Gaviria, Daniela Baena
Gerencia, desarrollo y mobiliario: Tu Taller Design
Diseño de interiores: Del Valle Studio
Diseño de iluminación: Estudio deDos
Cliente: Hosting Group
Ingeniería: Biaxial
Paisajismo: Urreta Arquitectura del Paisaje
Constructor: Nivelum
Fotografía: Mónica Barreneche, Mateo Soto

Circular Flats
Lab

Ubicación: Medellín, Colombia
Área construida: 702 m²
Arquitectos a cargo: Alejandro Restrepo Lalinde, Daniel
  Martínez Londoño, Juan Esteban Gómez Montoya
Estado: Construido
Año de proyecto: 2020
Año de término: 2021
Equipo de diseño: Pedro Ortiz
Cliente: Familia Restrepo Arango
Ingeniería: Doing Ingeniería
Paisajismo: Lab
Constructor: Articular Ingenieros Constructores
Fotografía: Luis Bernardo Cano

Jardín Botánico Bogotá Tropicarium
DARP - De Arquitectura y Paisaje

Location: *Jardín Botánico José Celestino Mutis,*
  Bogotá, Colombia
Surface constructed area: *3,787 m²*
Architects in charge: *Jorge Buitrago, Jaime Cabal*
Status: *Built*
Year of project: *2014*
Year of completion: *2020*
Design team
Competition: Melisa Arango, Carlos Andrés Palacio, Sara
Olier, Benjamín Gómez, Mateo Agudelo, Dg. Adriana García
Project: David Carmona (Coordinator), Jamie NG, Teresa
Tognetti Bottone, Carlos Andrés Palacio, Cristian Camilo
Ríos, Milena Jaramillo, Sebastián Rosas, Héctor Ospina,
Mauricio Álvarez, Katherine Agudelo, Dg. Adriana García
Client: *Jardín Botánico Bogotá - José Celestino Mutis*
Engineering: *CNI Ingenieros*
Landscaping: *DARP + Jardín Botánico Bogotá*
Builder: *Consorcio JMV CJS*
Photography: *Mauricio Carvajal*

PAZ Building
Del Valle Studio + ar_ea. Estudio de Arquitectura

Location: *Medellín, Colombia*
Surface constructed area: *1,600 m²*
Architects in charge: *Del Valle Studio, ar.ea*
Status: *Built*
Year of project: *2019*
Year of completion: *2021*
Design team: *David Del Valle, Amalia Ramírez,*
Estefanía Agudelo, Alejandro Montes, Mateo Parra,
Natalia Arroyave, Vanessa Gaviria, Daniela Baena
Management, development and furniture: *Tu Taller Design*
Interior design: *Del Valle Studio*
Lighting design: *Estudio deDos*
Client: *Hosting Group*
Engineering: *Biaxial*
Landscaping: *Urreta Arquitectura del Paisaje*
Builder: *Nivelum*
Photography: *Mónica Barreneche, Mateo Soto*

Circular Flats
Lab

Location: *Medellín, Colombia*
Surface constructed area: *702 m²*
Architects in charge: *Alejandro Restrepo Lalinde, Daniel*
Martínez Londoño, Juan Esteban Gómez Montoya
Status: *Built*
Year of project: *2020*
Year of completion: *2021*
Design team: *Pedro Ortiz*
Client: *Familia Restrepo Arango*
Engineering: *Doing Ingeniería*
Landscaping: *Lab*
Builder: *Articular Ingenieros Constructores*
Photography: *Luis Bernardo Cano*

Box Office
Taller Arquitectos

Ubicación: Bogotá, Colombia
Área construida
2,300 m²
Arquitectos a cargo: Pablo Forero
Estado: Construido
Año de proyecto: 2011
Año de término: 2015
Equipo de diseño: Juan Carlos Cuberos, Joaquín Mosquera,
  Manuela Mosquera, Santiago Sánchez, Maria Fernanda
  Villalba, Jessica Tatcher
Cliente: JR Equiphos, Uraki Inmobiliaria
Ingeniería: Innovar Ingeniería
Constructor: Uraki Constructora

CO32
ar_ea. Estudio de Arquitectura

Ubicación: Laureles, Medellín, Colombia
Área construida: 2,181 m² + 606 m²
Arquitectos a cargo: Amalia Ramírez
Estado: Proyecto
Año de proyecto: 2019
Equipo de diseño: Mateo Parra, Miguel Galvis, Elisa Arcila,
  Paulina Vargas, Santiago Rojas, Camilo Abad
Mobiliario: Mobiliario Tu Taller Design
Cliente: Privado
Paisajismo: Urreta Arquitectura del Paisaje
Constructor: Maker Group

Refugio en la Montaña
DARP-De Arquitectura y Paisaje

Ubicación: El Retiro, Antioquia, Colombia
Área construida: 104 m² + 103 m² (terrazas y zonas
  exteriores)
Arquitectos a cargo: Jaime Cabal, Jorge Buitrago
Estado: Construido
Año de proyecto: 2018
Año de término: 2020
Equipo de diseño: Milena Jaramillo, Cristian Camilo Ríos,
  Filipa Azevedo, Isabella González, Daniel Veenstra
Cliente: Familia Ángel-Cabal
Ingeniería: CYDECA Ingeniería Estructural SAS
Paisajismo: DARP
Constructor: 3 más 1 Arquitectura y Construcción
Fotografía: Mauricio Carvajal

Box Office
Taller Arquitectos

Location: Bogotá, Colombia
Surface constructed area: 2,300 m²
Architects in charge: Pablo Forero
Status: Built
Year of project: 2011
Year of completion: 2015
Design team: Juan Carlos Cuberos, Joaquín Mosquera,
Manuela Mosquera, Santiago Sánchez, Maria Fernanda
Villalba, Jessica Tatcher
Client
JR Equiphos, Uraki Inmobiliaria
Engineering
Innovar Ingeniería
Builder
Uraki Constructora

CO32
ar_ea. Estudio de Arquitectura

Location: Laureles, Medellín, Colombia
Surface constructed area: 2,181 m² + 606 m²
Architects in charge: Amalia Ramírez
Status: Project
Year of project: 2019
Design team: Mateo Parra, Miguel Galvis, Elisa Arcila,
Paulina Vargas, Santiago Rojas, Camilo Abad
Furniture: Mobiliario Tu Taller Design
Client: Private
Landscaping: Urreta Arquitectura del Paisaje
Builder: Maker Group

Mountain Refuge
DARP-De Arquitectura y Paisaje

Location: El Retiro, Antioquia, Colombia
Surface constructed area: 104 m² + 103 m² (terraces
and exterior areas)
Architects in charge: Jaime Cabal, Jorge Buitrago
Status: Built
Year of project: 2018
Year of completion: 2020
Design team: Milena Jaramillo, Cristian Camilo Ríos, Filipa
Azevedo, Isabella González, Daniel Veenstra
Client: Ángel-Cabal Family
Engineering: CYDECA Ingeniería Estructural SAS
Landscaping: DARP
Builder: 3 más 1 Arquitectura y Construcción
Photography: Mauricio Carvajal

Centro de Desarrollo Infantil El Porvenir
Taller Síntesis

Ubicación: Rionegro, Antioquia, Colombia
Área construida: 2,620 m²
Arquitectos a cargo: Taller Síntesis (Farhid Maya,
   David Cuartas)
Estado: Construido
Año de proyecto: 2018
Año de término: 2020
Equipo de diseño: Alejandra Montoya, Anderson Serna, Lina
   Durango, Mauricio Carvajal
Cliente: Alcaldía de Rionegro, Fundación Fraternidad,
   Fundación Berta Martínez de Jaramillo
Ingeniería: Rodrigo Rico
Constructor: C.A.S.A.
Otros: Proinsel, Omar Obregón, Casa Sana
Fotografía: Mauricio Carvajal

Sendero de los Cerros de Bogotá
Taller Arquitectos

Ubicación: Bogotá, Colombia
Área construida: 14,000 ha + 97.4 km
Arquitectos a cargo: Julián Restrepo, Manuela Mosquera,
   Pablo Forero
Estado: Proyecto
Año de proyecto: 2017–2019
Equipo de diseño: Ana Meléndez, Juan Pablo Uribe,
   Alejandra Núñez, Jaime Ruiz, Daniela Arango, Gian Carlo
   Carini, Maria Alejandra Cifuentes, Nicolás Daguer,
   Valentina Londoño, Daniel Rincón, Juan Camilo Salazar,
   Angélica Ronderos, Alejandro Zuluaga, Manuela Molina,
   Camila Joaqui, Marcela Amaya, Victoria Reyes, Diana
   Ortiz, Gerardo Lora, Jorge Alberto López, Lina Prieto, Luis
   Adrián Pulido, Nancy Burgos
Cliente: EAAB-ESP Empresa de Acueducto y Alcantarillado
   de Bogotá
Ingeniería: WSP Colombia
Paisajismo: LOLA Landscapes + Taller Arquitectos
Fotografía: Taller Arquitectos

Escuela Rural El Hobo
FP - Arquitectura

Ubicación: Vereda El Hobo, Carmen de Bolívar, Bolívar,
   Colombia
Área construida: 786 m²
Arquitectos a cargo: José Puentes e Iván Forgioni
Estado: Construido
Año de proyecto: 2015
Año de término: 2019
Equipo de diseño: Julián Castaño, Felipe Mejía
Cliente: Fundación Grupo Argos
Ingeniería: Andres Naranjo
Constructor: Soluciones Constructivas SAS
Diseño eléctrico: Juan Guillermo Gómez C60
Diseño hidrosanitario: Yaquelin Bustamante
Fotografía: Alejandro Arango

El Porvenir Children Development Center
Taller Síntesis

Location: Rionegro, Antioquia, Colombia
Surface constructed area: 2,620 m²
*Architects in charge: Taller Síntesis (Farhid Maya,
   David Cuartas)*
Status: Built
Year of project: 2018
Year of completion: 2020
*Design team: Alejandra Montoya, Anderson Serna, Lina
   Durango, Mauricio Carvajal*
*Client: Alcaldía de Rionegro, Fundación Fraternidad,
   Fundación Berta Martínez de Jaramillo*
Engineering: Rodrigo Rico
Builder: C.A.S.A.
Others: Proinsel, Omar Obregón, Casa Sana
Photography: Mauricio Carvajal

Bogotá Mountain Path
Taller Arquitectos

Location: Bogotá, Colombia
Surface constructed area: 14,000 ha + 97.4 km
*Architects in charge: Julián Restrepo, Manuela Mosquera,
   Pablo Forero*
Status: Project
Year of project: 2017–2019
*Design team: Ana Meléndez, Juan Pablo Uribe, Alejandra
   Núñez, Jaime Ruiz, Daniela Arango, Gian Carlo Carini,
   Maria Alejandra Cifuentes, Nicolás Daguer, Valentina
   Londoño, Daniel Rincón, Juan Camilo Salazar, Angélica
   Ronderos, Alejandro Zuluaga, Manuela Molina, Camila
   Joaqui, Marcela Amaya, Victoria Reyes, Diana Ortiz,
   Gerardo Lora, Jorge Alberto López, Lina Prieto, Luis
   Adrián Pulido, Nancy Burgos*
*Client: EAAB-ESP Empresa de Acueducto y Alcantarillado
   de Bogotá*
Engineering: WSP Colombia
Landscaping: LOLA Landscapes + Taller Arquitectos
Photography: Taller Arquitectos

El Hobo Rural School
FP - Arquitectura

*Location: Vereda El Hobo, Carmen de Bolívar,
   Bolívar, Colombia*
Surface constructed area: 786 m²
Architects in charge: José Puentes e Iván Forgioni
Status: Built
Year of project: 2015
Year of completion: 2019
Design team: Julián Castaño, Felipe Mejía
Client: Fundación Grupo Argos
Engineering: Andres Naranjo
Builder: Soluciones Constructivas SAS
Electrical design: Juan Guillermo Gómez C60
Plumbing design: Yaquelin Bustamante
Photography: Alejandro Arango

Cabaña Familiar
Lab

Ubicación: Medellín, Colombia
Área construida: 30–100 m²
Arquitectos a cargo: Alejandro Restrepo Lalinde, Juan Esteban Gómez Montoya
Estado: Construido
Año de proyecto: 2020
Año de término: 2021
Equipo de diseño: Daniel Martínez, Pedro Ortiz, Maria Paulina Cuca, Susana Franco, Laura Obando
Cliente: Sofia Lalinde
Ingeniería, paisajismo y construcción: Lab
Fotografía: Luis Bernardo Cano

Parque Educativo "Saberes Ancestrales"
Taller Síntesis + Diana Herrera + Mauricio Valencia

Ubicación: Vigía del Fuerte, Antioquia, Colombia
Área construida: 894 m²
Área de espacio público: 4,350 m²
Arquitectos a cargo: Taller Síntesis Arquitectura, Diana Herrera, Mauricio Valencia
Estado: Construido
Año de proyecto: 2013
Año de término: 2014
Equipo de diseño: Lina Flórez, Andrea Maruri, Alejandro Vargas
Cliente: Gobernación de Antioquia, Empresa de Vivienda de Antioquia (VIVA), Fundación Fraternidad, Fundación Berta Martínez
Ingeniería: Simétrica Diseño Estructural
Constructor: Soluciones Constructivas
Otros: Proinsel, Omar Obregón, Casa Sana
Fotografía: Alejandro Arango

Family Cabin
Lab

Location: Medellín, Colombia
Surface constructed area: 30–100 m²
Architects in charge: Alejandro Restrepo Lalinde, Juan Esteban Gómez Montoya
Status: Built
Year of project: 2020
Year of completion: 2021
Design team: Daniel Martínez, Pedro Ortiz, Maria Paulina Cuca, Susana Franco, Laura Obando
Client: Sofia Lalinde
Engineering, landscaping and building: Lab
Photography: Luis Bernardo Cano

"Saberes Ancestrales" Educational Park
Taller Síntesis + Diana Herrera + Mauricio Valencia

Location: Vigía del Fuerte, Antioquia, Colombia
Surface constructed area: 894 m²
Public space area: 4,350 m²
Architects in charge: Taller Síntesis Arquitectura, Diana Herrera, Mauricio Valencia
Status: Built
Year of project: 2013
Year of completion: 2014
Design team: Lina Flórez, Andrea Maruri, Alejandro Vargas
Client: Gobernación de Antioquia, Empresa de Vivienda de Antioquia (VIVA), Fundación Fraternidad, Fundación Berta Martínez
Engineering: Simétrica Diseño Estructural
Builder: Soluciones Constructivas
Others: Proinsel, Omar Obregón, Casa Sana
Photography: Alejandro Arango

Credits

ANDINA

Primera edición, 2022 *First edition, 2022*
ISBN 978-607-9489-96-0

© Arquine, SA de CV
Ámsterdam 163 A
Colonia Hipódromo, 06100
Ciudad de México
arquine.com

Textos y fotografías *Texts and photography*
© ANDINA:
ar_ea. Estudio de Arquitectura
Cauce // Arquitectura del Paisaje
DARP - De Arquitectura y Paisaje
Del Valle Studio
Estudio Territorios
FP – Arquitectura
Lab
Taller Arquitectos
Taller Síntesis
© Farhid Maya
© Iván Forgioni
© Jorge Buitrago
© Jorge Pérez Jaramillo
© José Puentes

Dirección creativa *Creative Director*
Isabel Garcés

Arquine

Dirección *Director*
Miquel Adrià

Dirección editorial *Editorial Director*
Brenda Soto Suárez

Asistencia editorial *Editorial Assistants*
Ana Luz Valencia, Karina Reyes

Corrección de estilo *Copy Editor*
Gwennhael Huesca

Traducción *Translation*
Quentin Pope

Lectura de pruebas *Proofreading*
Fionn Petch

Diseño *Design*
David Kimura + Gabriela Varela

Preprensa *Prepress*
Emilio Breton

ANDINA fue impreso y encuadernado en julio de 2022 en Asia Pacific Offset, en China. Fue impreso en papel Enso Classic de 80g. Para su composición se utilizó la familia tipográfica Atlas Grotesk. El tiraje consta de 2,000 ejemplares.

ANDINA *was printed and bound in July 2022 by Asia Pacific Offset in China. It was printed on 80 gsm Enso Classic paper and set in typefaces of the Atlas Grotesk family. The print run was 2,000 copies.*